B.

EMIL ZENZ

Streifzug durch die TATEN DER TRIERER

EMIL ZENZ

Streifzug durch die TATEN DER TRIERER

Ein historisches Lesebuch

PAULINUS-VERLAG · TRIER

CIP-Titelaufnahme der Deutschen Bibliothek

Streifzug durch die Taten der Trierer: ein historisches
Lesebuch / Emil Zenz. – Trier: Paulinus-Verl., 1989
Einheitssacht: Gesta treverorum <dt.>
Teilausg. von: Die Taten der Trierer
ISBN 3–7902–0303–3
NE: Zenz, Emil [Hrsg.]; Taten der Trierer; EST

Gesamtgestaltung: H. Keller, Trier
Gesamtherstellung: Paulinus-Druckerei GmbH, Trier
ISBN 3–7902–0303–3

Vorwort

Im 12. Jahrhundert begannen Mönche der Abtei St. Matthias zu Trier, eine Chronik zu schreiben, die durch Jahrhunderte hindurch von anderen Chronisten bis zum Ende des Trierer Kurstaates (1794) fortgesetzt wurde; sie erhielt den Sammelnamen „Gesta Treverorum“. Darin ist eine Fülle von Nachrichten zusammengefaßt, die von unterschiedlichster Art sind: Legenden, Biographien Trierer Erzbischöfe, Geschehnisse in Stadt und Land, Kriege und Fehden, Urkunden, päpstliche und andere Schreiben und schließlich Berichte, die oft sehr tendenziös sind und häufig Irrtümer enthalten, die nur der Fachhistoriker auf ihren Wahrheitsgehalt prüfen kann. Der geschichtliche Wert ist also ungleich, aber immer gibt die Chronik ein farbiges Bild der jeweiligen Zeit.

Die „Gesta Treverorum“ wurden mehrfach gedruckt. Die wohl bekannteste Ausgabe wurde von Johann Hugo Wyttenbach und Michael Franz Joseph Müller in den Jahren 1836 bis 1839 in drei Bänden in Trier herausgebracht.

Da die „Gesta Treverorum“ mit geringen Ausnahmen auf lateinisch verfaßt sind, habe ich mit einem Kreis anderer Historiker und Latinisten die Wyttenbachsche Ausgabe übersetzt und unter dem Titel „Die Taten der Trierer“ in den Jahren 1955 bis 1965 in acht Bänden herausgegeben. Da diese Übersetzung seit langem vergriffen ist, wurde der Ruf nach einer Neuauflage laut. Dieser Wunsch scheiterte an den Tatsachen, daß einmal das damalige Übersetzerteam nicht mehr besteht, daß die Einarbeitung der seit dieser Zeit zu den „Gesta“ erschienenen wissenschaftlichen Literatur für einen einzelnen nicht möglich ist und daß auch der Interessentenkreis für ein solches Werk zu klein sein dürfte, zumal die wissenschaftlichen Bibliotheken dieses Werk besitzen.

Um aber dem historisch interessierten Leser einen Einblick in dieses Werk zu geben, haben sich der Paulinus-Verlag und der Verfasser entschlossen, eine Auswahl der Texte in 34 Kapiteln zu geben. Sie beschränkt sich, mit wenigen Ausnahmen, auf die Stadt Trier. Dabei hat der Verfasser die Übersetzung aus dem Lateinischen, die bei der achtbändigen, wissenschaftlichen Ausgabe stark dem Rhythmus dieser Sprache angepaßt war, in dieser Auswahl wesentlich dem heutigen Deutsch angeglichen, wobei er bemüht war, dem Leser doch noch etwas vom chronikartigen Stil der vergangenen Zeit zu vermitteln. Es kam hinzu, daß einzelne Chronisten bis ins kleinste Detail gehen, während andere sich sehr kurz faßten. Im ersten Falle mußte der Verfasser kürzen, im zweiten Falle Textzusätze machen; dies war vor allem in den Schlußkapiteln ab dem Jahre 1734 notwendig.

Der Text für diese Ergänzungen wurde zum größeren Teil den von 1818 bis 1820 im „Trierischen Wochenblatt" veröffentlichten historischen Jahresberichten entnommen, zum kleineren Teil Werken, die hinter dem letzten Kapitel angegeben sind. Allerdings waren zahlreiche Erläuterungen notwendig, die jeweils in den Fußnoten gegeben werden.

Wer sich für genauere Quellenangaben und die jeweiligen Chronisten interessiert, muß auf das Gesamtwerk „Die Taten der Trierer" zurückgreifen.

Zum Schluß muß der Autor dem Direktor des Paulinus-Verlages, Herrn Dipl. Betriebswirt S. Fäth, danken. Ohne sein Engagement wäre dieses Buch nicht erschienen. Ebenfalls gebührt Dank Herrn Amtsrat i.R. Heuser, der die Korrekturen mitlas.

Dr. Emil Zenz

Trier, im August 1989

Inhalt

1 Die Gründungssage der Stadt Trier

Im Jahre 1300 vor der Gründung Roms führte der Assyrerkönig Ninus in der Absicht, seinen Herrschaftsbereich auszuweiten, Heere über die Grenzen seines Reiches. Fünfzig blutige Jahre seines Lebens verbrachte er in Kriegen, die er in Asien führte. Zuletzt überwand er den Baktrerkönig[1] Zoroaster in einer Schlacht und ließ ihn töten. Er selbst erlag aber einem Pfeilschuß, als er eine Stadt belagerte.

Er hinterließ seine Gattin Semiramis[2] und zwei Söhne: Trebeta und Nina. Der ältere, Trebeta, entstammte einer Verbindung mit einer Chaldäerkönigin[3], die Ninus vor Semiramis geheiratet hatte. Nina dagegen war ihm von Semiramis geboren worden. Nach ihres Gatten Tod wollte Semiramis ihren Stiefsohn Trebeta heiraten. Da dieser sich aber ihrer Absicht widersetzte, verfolgte sie ihn so lange mit ihrem Haß, bis sie ihn aus ihrem Reich vertrieb.

Trebeta zog nun lange umher und suchte eine neue Heimat. Ermattet von den Strapazen seines Umherziehens, suchte er endlich durch Los zu erfahren, wo er sich niederlassen könnte. Das Los wies ihn nach Europa. Nach Überquerung des Mittelmeers gelangte Trebeta in das Moseltal, ein Land, an Wäldern reich und von Berghängen umschlossen. Gefangen von der Lieblichkeit dieser Landschaft beschloß er, dort zu bleiben und eine Stadt zu erbauen, der er seinen Namen Trebeta (= Trier) gab.

Im Jahre 1250[4] vor der Gründung Roms wurde die Stadt Trier also gegründet, ein

[1] Baktrien, in Alt-Iran (einschließlich Afghanistan) gelegen; Hauptstadt war Baktra (Balch), die wahrscheinliche Heimat des Propheten Zarathustra (etwa 630–553 v. Chr.).
[2] Hinter der legendären Semiramis steht die historische Persönlichkeit der Königin Sammurabat (ca. 800 v. Chr.). Lit.: G. Kentenich, Die Trierer Gründungssage in Wort und Bild. In: Trierisches Heimatbuch 1925. S. 194 f.
[3] Lit.: E. Zenz, Das legendäre Gründungsalter der Stadt Trier, In: Neues Trier. Jahrbuch 1982. S. 6–10.
[4] Siehe Anm. 3.

Ort von noch geringem Ruf. Dies geschah im 7. Jahre der Lebenszeit des Patriarchen Abraham.

Nach Trebetas Tod folgte ihm in der Herrschaft sein Sohn Heros. Er ließ seinen Vater nach heidnischer Sitte verbrennen und bestattete ihn auf einem Gipfel des Juraberges (Mons Juranus = heutiger Petrisberg)[5]. Er errichtete ihm Altäre und befahl seinen Untertanen, seinen Vater als Gott zu verehren. Auch ließ er die Taten seines Vaters auf einer Marmortafel aufschreiben, die er zur Kenntnis der kommenden Geschlechter mit dem Leichnam des Vaters dem Schoß der Erde übergab.

Nach Heros' Tode regierten eingeborene Trierer die Stadt. Und schon unternahmen es die Trierer, an Zahl und Macht gewachsen, ihre Stadt zu befestigen. Zuerst erbauten sie an der Nordseite der Stadt aus Quadersteinen ein Stadttor mit großen Türmen und nannten es Porta Nigra oder Marstor. Seine Steine waren nicht durch Kalkmörtel, sondern durch Eisen und Blei miteinander verbunden. Sie nannten es Marstor, wenn sie auszogen zum Krieg. Schwarzes Tor (Porta Nigra) wurde es genannt wegen der Trauer, in der sie, wenn sie vom Feinde besiegt wurden, durch es zurückkehrten. Das an Länge und Breite geräumige Feld nördlich dieses Tores, wo die jungen Männer zum Kriegsdienst ausgebildet wurden, hieß Marsfeld[6].

Ein zweites Tor wurde gegen Osten, ebenfalls mit prachtvollen Türmen, errichtet. Hier wurden die Trierer, wenn sie aus einem Krieg siegreich zurückkehrten, unter dem Zulauf und den Freudensbezeigungen der ganzen Stadt empfangen. Deshalb nannte man es Porta Alba = Weißes Tor[7].

Das dritte Tor wurde mit hohen Türmen an der Südseite der Stadt erbaut; man nannte es das Mitteltor[8]. Ein großer und bedeutender Handelsmarkt befand sich vor diesem Tor. Dort wurden auch die Toten zur Bestattung hinausgetragen[9].

Ein viertes Tor stand im Westen am Ufer der Mosel. Es übertraf an Pracht und Schönheit alle anderen Tore und hatte deshalb den Namen Porta Inclita = Berühm-

[5] Das „Franzensknüppchen" auf dem Petrisberg wurde lange Zeit für sein Grab gehalten.
[6] Das Gelände nördlich der Porta Nigra zwischen St. Paulin und St. Marien.
[7] Im Mittelalter „Wisport" genannt oder Alben; das heutige Heiligkreuz.
[8] Porta Media = gemeint ist die Stelle, wo einst das Neutor stand.
[9] Anspielung auf das Gräberfeld bei St. Matthias.

Trebeta,
der sagenhafte
Gründer
Triers

tes Tor. Die Trierer zierten es mit Sternen aus Gold, die dem benachbarten Hafen bei Tag und Nacht als Leuchtturm dienten.

Auch errichteten die Trierer ein geräumiges Kapitol, ferner einen Götzentempel, in dem nicht weniger als 100 Götzenbilder vom Volke verehrt wurden. Sie errichteten ferner zur Ehre des Gottes Merkur, den sie als höchsten Gott verehrten und der – wie sie glaubten – als Mittler zwischen Göttern und Menschen und als Bote des Friedens hin und her flog, einen Bogen von großer Höhe, in dem sie ein überaus großes, ehernes Bild Merkurs, so als flöge er durch die Luft, zum Schweben brachten; er trug die Inschrift: „Frei in den Lüften hängt aus Eisen der Heroldsträger". Es war aber ein Magnetstein im Gewölbe und ein anderer im Boden des Bogens eingefügt, dessen natürliche Kraft das Eisen in gerader Richtung anzog, und so schwebte das mächtige, eherne Bild in der Luft[10].

Nicht weit davon erbauten sie über die Mosel aus mächtigen Steinen, die durch Blei und Eisen verbunden waren, eine Brücke, die kein Alter wankend machen und keine Wasserflut zerstören kann. Sie errichteten auch Türme, Paläste, Tempel, Statuen, Thermen und Theater. Da sie auch Wasser im Überfluß zu haben wünschten, leiteten sie einen Bach, der heute Olewig heißt, am Fuße des Juraberges in die Stadt, der, in verschiedene Läufe aufgeteilt, kaum der Hälfte der Stadt genügen konnte. Da leiteten sie nun einen zweiten Bach, Ruwer genannt, und einen weiteren Bach, Riveris genannt, mit steinernen Bögen an verschiedenen Bergeshängen vorbei und über tiefe Täler und erfüllten alle ihre Straßen mit frischfließendem Wasser, das, durch Regenwasser vermehrt, allen Unrat der Stadt in die Mosel führte[11].

[10] Siehe Anm. 2 (Kentenich).

[11] A. Neyses, Die Ruwer-Wasserleitung des römischen Trier. Hrsg. vom Verkehrsverein Waldrach (o.J.). S. 6–10.

2 Die Catholdus-Sage

Es war aber der Bau dieser Wasserleitung zugleich mit der Errichtung des Amphitheaters dem Fürsten Catholdus durch Los zugeteilt worden. Dieser war ratlos, auf welche Weise er die Ruwer von so weit her an so vielen Bergen vorbei und über so viele Täler führen könne. Sein Haussklave versicherte ihm aber mit anmaßender Dreistigkeit, er werde, wenn ihm die Arbeit bezahlt werde, die Ruwer am gleichen Tage in die Stadt führen, an dem sein Herr das Amphitheater fertiggestellt habe. Dem widersprach sein Herr heftig, doch machten sie dem Streit durch folgenden Pakt ein Ende: Wenn am festgesetzten Tag der Sklave sein Versprechen nicht erfüllt habe, werde er getötet werden. Sollte aber das Werk vollendet sein, dann sollte der Herr von seinem Sklaven in gleicher Weise bestraft werden. Zu dieser schandvollen Wette hatte den Sklaven seines Herrn Gemahlin angetrieben. Sie nahm es mit der ehelichen Treue nicht genau und beging mit dem Sklaven Ehebruch.

Beide Parteien begannen mit Eifer ihre Arbeiten. Der Sklave wurde von seiner Herrin mit Geld unterstützt, während Catholdus um sein Leben kämpfte und den Tod des Sklaven herbeisehnte.

An dem festgesetzten Termin waren Wasserleitung und Amphitheater fertig. Die Wasserleitung aber war infolge der Unkenntnis des Baumeisters verstopft, weil Luftlöcher fehlten. So konnte das Wasser, in seinem Laufe gehemmt, nicht nach Trier gelangen. Da bekam der Sklave es mit der Angst zu tun. Aber das schamlose Weib wußte Rat und versteckte ihren Liebhaber in der Nacht vor dem entscheidenden Tag unter dem Bett, in dem sie mit ihrem Mann folgende Unterredung hatte. „Ei“, sagte der Mann, „wie ist doch unser Sklave, der sich bisher so stolz aufblähte, jetzt auf einmal so niedergeschlagen und bedrückt. Ich wüßte, was er tun müßte.“ Darauf bedrängte seine Frau ihn, schmeichelte ihm und bat ihn, ihr doch die Lösung des Problems zu sagen. Schließlich gab ihr Mann nach und sagte: „Wenn er an bestimmten Stellen – im Abstand eines Steinwurfs – an der Wasserleitung kleine Öffnungen an der Wasserleitung anbringt, dann wird das Wasser fließen."

Als der Herr nun im Schlummer lag, verließ der Sklave schnell sein Versteck, rief eilends Bauhandwerker herbei und ließ schnellstens das ausführen, was sein Herr gesagt hatte. So konnte er am folgenden Tag sein Werk als vollendet der Öffentlichkeit vorstellen.

Als sein Herr hörte, was geschehen war, wollte er dem entehrenden Mordstahl seines Sklaven zuvorkommen. Er verfluchte sein Weib, riß sie an sich und stürzte sich mit ihr von der Höhe des Amphitheaters hinab. So gab er diesem Platz für alle Zeiten den Namen „Söller des Catholdus"[1].

[1] Der Volksmund hat das für das Amphitheater bis in die zwanziger Jahre unseres Jahrhunderts gebräuchliche Wort „Kaoskeller" von Catholdus abgeleitet. In Wirklichkeit kommt diese Bezeichnung von den Eichen (moselfränkisch Käs = Eiche), die dort standen. Abbildungen des Amphitheaters um 1610 und 1650 zeigen drei Eichen in der Arena.

Das Amphitheater in Trier

3 Die Trierer unterwerfen die wichtigsten Rheinstädte

Trier war nicht nur durch Menschenhand stark befestigt, sondern auch durch seine günstige Lage gesichert. Durch Flüsse, Wälder und Berge, die nur einen steilen und engen Zugang boten, war die Stadt schwer zugänglich. Auch die Höhen des Juraberges und des Cebennarückens (dem Höhenzug über Zewen) waren durch Kastelle befestigt. Später im Laufe der Zeit und infolge von siegreichen Kriegen unterwarfen die Trierer alle Nachbarstämme und alle bedeutenden Städte und zwangen sie unter ihre Oberhoheit. Darunter waren die fünf vornehmsten Städte am Rhein: Basel, Straßburg, Worms, Mainz und Köln[1]. Die Trierer empfingen von ihnen alljährlich einen hohen Tribut und begannen so weit und breit, sich als die Herren aufzuführen.

Nach vielen Jahren aber erhoben sich diese Städte. In dem Begehren, ihre Freiheit wieder zu erlangen, verweigerten sie dreißig Jahre lang die Zahlung des jährlichen Tributs. Aber ein Hagelschlag, der große Schäden an Feldern und Weinbergen verursachte, suchte ihre Städte heim. Da kamen die Bürger der Rheinstädte zusammen; sie glaubten, der Hagelschlag sei ihnen von den Göttern der Trierer als Vergeltung für die Verweigerung ihrer Tributzahlungen beschert worden. So berieten sie sich, brachten den Tribut von dreißig Jahren zusammen, lieferten ihn den Trierern aus und gelobten, künftig ihren Verpflichtungen nachzukommen.

Damals errichteten die Trierer ein Denkmal aus kostbarem Marmor mit dem Bild des Gottes Jupiter, der eine goldene, zwei Fuß breite Schale in den Händen hielt.

[1] Die tributpflichtigen Städte sind auch auf dem Trebetabild aufgeführt, das sich im Städtischen Museum Trier befindet. Siehe Kapitel 1, Anm. 2 (Kentenich).

Die Städte Basel, Straßburg, Worms, Mainz und Köln entrichten der Stadt Trier ihren Tribut

Das Bild trug folgende Inschrift:

Jupiter, dem Rächer der Trierer,
Aus dem Tribut der fünf Städte am Rhein,
Den diese drei Jahrzehnte verweigert,
Aber durch Feuer vom Himmel und Schrecken
Zu leisten gezwungen wurden,
Als Versöhnungsgabe dargebracht.

Ferner: Es duftet, vom Feuer unberührt,
Die Schale vom Räucherwerk.

Das Ganze aber war von des Meisters Hand so kunstvoll hergestellt worden, daß die Schale nach vorheriger Füllung mit Weihrauch oder einem anderen wohlriechenden Stoff ohne Feuer und Hitze eine duftende Rauchwolke spendete, ohne daß der Räucherstoff selbst sich vermindert hätte.

In der Stadt Langres – bis dahin hatten die Trierer ihr Herrschaftsgebiet ausgedehnt – steht heute noch über einem Tor die Inschrift: „Bis hierher reicht der Machtbereich der Trierer."

Mit den Bewohnern der Stadt Reims schlossen die Trierer einen Freundschaftsvertrag. Aus diesem Grund erbauten die Reimser ein Tor und nannten es „Trierer Tor". So blieb die Herrschaft der Trierer weit ausgedehnt und uneingeschränkt bis zu den Zeiten der Römer.

4 Caesar und die Treverer

Im Jahre 58 v. Chr. marschierte Caesar mit vier Legionen und 800 Reitern in das Gebiet der Treverer (von ihnen hat Trier seinen Namen). Dieser Stamm zeichnete sich in ganz Gallien durch seine hervorragende Reiterei aus; er besaß auch eine beträchtliche Anzahl Fußtruppen. Der Stamm der Treverer grenzte an den Rhein[1]. In ihm stritten sich zwei Männer um die Vorherrschaft: Indutiomar und Cingetorix. Letzterer fand sich auf die Nachricht von Caesars und seiner Legionen Ankunft sofort bei Caesar ein und versicherte ihm, er und seine Anhänger würden ihm zu Diensten sein. Indutiomar dagegen zog Reiter und Fußtruppen zusammen und versteckte die Menschen, die wegen ihres Alters keine Waffen mehr tragen konnten, in den Wäldern der Ardennen. Dann beschloß er, sich auf einen Krieg mit Caesar vorzubereiten.

Als aber einige Trevererfürsten, beeinflußt von Cingetorix und erschreckt von der Größe des römischen Heeres, begannen, sich Caesar zuzuwenden, befürchtete Indutiomar, er könne von allen verlassen werden. So schickte auch er Gesandte zu Caesar mit der Aussage, wenn Caesar es wünsche, werde er zu ihm kommen und ihm das Schicksal seines Stammes anvertrauen.

Caesar wußte, warum Indutiomar so handelte. Da er aber einen Krieg gegen Britannien vorbereitete[2] und er den Sommer nicht bei den Treverern verbringen konnte, ließ er Indutiomar mit 200 Geiseln zu sich kommen; dabei behielt er engen Kontakt zu Cingetorix.

Nach Beendigung des Feldzuges in Britannien war Caesar gezwungen, sein Heer in Winterquartiere zu legen. Er verteilte seine Legionen auf mehrere Stämme und

[1] Die Treverer, keltisches Volk mit germanischem Einschlag, lebten zwischen den Nerviern im Norden, den Mediomatrikern im Süden, den Reimsern im Westen und dem Rhein im Osten.
[2] Der Feldzug Caesars in Britannien fand im Jahre 54 v. Chr. statt.

schickte seinen Heerführer Labienus mit einer Legion in das Grenzgebiet zwischen den Treverern und Reimsern. Eine andere Legion schickte er zu den Eburonen[3], die unter dem Befehl des Ambiorix standen. Indutiomar veranlaßte nunmehr Ambiorix, diese römische Legion zu vernichten. Als dies geschehen war, wollte Indutiomar das gleiche mit der Legion des Labienus tun. Danach wollte er, verbündet mit den Eburonen und Nerviern[4], Caesar besiegen. Als die Streitmacht der Treverer bei Labienus auftauchte, war dieser bereits von dem Sieg des Ambiorix über die römische Legion unterrichtet. Er meldete diese gefährliche Situation Caesar und bat ihn um Beistand. In der Tat kam Caesar mit erstaunlicher Schnelligkeit zu den Nerviern, wobei es ihm gelang, Ambiorix zu schlagen.

Als diese Nachricht zu den Treverern kam, floh Indutiomar, der am folgenden Tage Labienus hatte angreifen wollen, über Nacht und führte seine Truppen in das Gebiet der Treverer zurück. Nachdem er vergeblich die germanischen Stämme jenseits des Rheins um Beistand gebeten hatte, begann er nichtsdestoweniger, Truppen zusammenzuziehen, sie auszubilden und Verbannte und Verurteilte aus ganz Gallien mit großen Geldsummen anzulocken.

Als er sah, daß man aus freien Stücken zu ihm kam und daß einerseits die Senonen[5] und Carnuten[6], andererseits die Nervier und Attuatiker[7] den Krieg gegen Caesar vorbereiteten, berief er eine Versammlung aller Bewaffneten ein. Dies bedeutete nach gallischem Brauch den Beginn des Krieges. Indutiomar erklärte, er werde nunmehr in das Gebiet der Reimser einfallen, vorher aber noch das Lager des Labienus stürmen. Während Indutiomar täglich mit seiner gesamten Reiterei um das römische, befestigte Lager streifte, einerseits um die Lage zu erkunden, andererseits um die Römer einzuschüchtern, hielt Labienus seine Truppen innerhalb der Verschanzungen, wobei er gleichzeitig seine Reiterei verstärkte.

[3] Eburonen, belgisches Volk an der Maas bei Lüttich.
[4] Nervier, belgisches Volk, Hauptstadt Bagacum = Bavay.
[5] Senonen, keltisches Volk zwischen Loire und Seine.
[6] Carnuten, keltisches Volk an der Loire.
[7] Attuatiker, germanischer Volksstamm an der mittleren Maas südlich der Eburonen und östlich der Nervier, später Tongri genannt.

Gaius Julius Caesar

Eines Tages rückte Indutiomar näher an das Lager heran; seine Reiter warfen Speere, verhöhnten die Römer und forderten sie zum Kampfe heraus. Plötzlich ließ Labienus die gesamte Reiterei ausbrechen, wobei er gleichzeitig den Befehl gab, vor allem Indutiomar kampfunfähig zu machen. Den Reitern schickte er Fußtruppen nach. Der Erfolg gab seiner Planung recht. Indutiomar wurde in einer Furt[8] ergriffen und getötet. Die Reiter aber verfolgten die fliehenden Feinde und töteten sie. Auf diese Kunde hin zogen alle Truppen der Eburonen und Nervier ab.

Nach dem Tode Indutiomars übertrugen die Treverer die Macht auf seine Verwandten[9]. Sie hörten nicht auf, ihre Nachbarn gegen die Römer aufzuhetzen. Als Caesar davon erfuhr, rief er alle Stämme zu einem Treffen ein, zu dem jedoch die Senonen, Carnuten und Treverer nicht kamen. Daraufhin beschloß Caesar, den Krieg gegen die Treverer und Nervier zu beginnen. Caesar gelang es, beide Stämme zu besiegen. Cingetorix, der von Anfang an Caesar treu geblieben war, wurde nunmehr die Macht und die Führerstellung im Trevererland übertragen.

[8] Nach Untersuchungen, die Kaiser Napoleon III. vornehmen ließ, soll Indutiomar den Tod bei Lavacherie an der Ourthe (Luxemburg) gefunden haben; von anderen Historikern wird eine Furt an der Semois (Nebenfluß der Maas) angenommen.

[9] Der Chronist benutzte für seine Darlegungen Caesars „Gallischen Krieg“ (Buch VI).

5 Die ersten christlichen Sendboten kommen nach Trier

Im Jahre 54 der Menschwerdung des Herrn, dem letzten Regierungsjahr des römischen Kaisers Tiberius Claudius (41–54), betrat Petrus die Stadt Rom und predigte allen Gläubigen den wahren Glauben und bewies ihn mit machtvollen Wundern. Er leitete das Pontifikat dieser Stadt 25 Jahre lang.

Nachdem die Saat des Christentums schon in ganz Italien aufgegangen war, befahl er, das Evangelium nach Germanien und Gallien zu bringen.

Zu diesem Zweck wählte er aus dem Kreis seiner Schüler einen Mann, der wegen seiner besonderen Frömmigkeit und Tugend herausragte: Eucharius, ferner Valerius und Maternus. Eucharius bestellte er zum Bischof, Valerius zum Diakon und Maternus zum Subdiakon.

Als sie nach Elegia[2] im Elsaß kamen, wurde Maternus krank und starb. Eucharius vertraute seine Leiche der Erde an; dann zogen er und Valerius nach Rom zurück und erzählten dem Papst, was geschehen war. Petrus tröstete ihn und übergab ihm seinen eigenen Bischofsstab. Er befahl, diesen Stab auf den Leichnam des Maternus zu legen, damit dieser im Namen Christi vom Tode auferstehe[3].

Eucharius und sein Begleiter kamen vierzig Tage nach dem Tod des Maternus wieder in Elegia an. Sie gruben den Leichnam aus und legten den Stab des hl. Petrus darüber. Nachdem beide ein Gebet gesprochen hatten, stand Maternus lebendig und heil vor allem Volk.

[1] Die historische Forschung nimmt erst für das 3. Jahrhundert Trierer Bischöfe an. Die ältere Ansetzung kam erst im 9. Jahrhundert auf und beruhte auf dem Wunsch, dem eigenen Bistum ein möglichst hohes Alter zu geben. Auch wurde der Ausdruck: „Entsandt vom hl. Petrus" wörtlich verstanden, während sinnbildlich die Kirche in Rom gemeint war.

[2] Heutiges Ehl (?).

[3] Die Legende vom Stab des hl. Petrus ist der „Vita S. Eucharii, Valerii et Materni" entnommen. Siehe: E. Winheller, Die Lebensbeschreibungen der vorkarolingischen Bischöfe von Trier. Bonn 1935.

Der erste Trierer Bischof Eucharius

An dieser Stelle erbauten sie dann eine Kirche für die christliche Gemeinde, der sie den Namen „Auferstehungskirche" gaben. Nachdem Eucharius in Elegia viele Menschen zum christlichen Glauben bekehrt hatte, zogen Eucharius, Valerius und Maternus weiter nach Trier. Dies war im 54. Jahr nach der Menschwerdung des Herrn. Eucharius bezwang den hartnäckigen Unglauben der Trierer, schuf eine wahre Burg des Glaubens und wirkte 23 Jahre als Bischof in Trier. Als er starb, wurde er in der Kirche des hl. Johannes, die er selbst vor der Porta Media[4] gebaut hatte, begraben[5]. Ihm folgte im bischöflichen Amte Valerius nach. Begraben wurde er in der gleichen Kirche neben den Gebeinen des hl. Eucharius.

Nach seinem Tode übernahm Maternus den Trierer Bischofsstuhl. Von dort aus bekehrte er die Tongrer[6] und Kölner zum christlichen Glauben; auch stand er gleichzeitig diesen drei Städten als Bischof vor.

St. Maternus starb als Greis im Jahre 128 n. Chr.[7]. Als die Trierer von seinem Tod erfuhren, zogen sie nach Köln und verlangten die Herausgabe ihres Oberhirten. Es kamen aber auch die Einwohner von Tongern, die die gleiche Forderung erhoben. Als man sich nicht einigen konnte, ermahnte ein ehrwürdiger Greis die Anwesenden, vom Streite abzulassen und seinem Rat zu folgen: Man solle den Leichnam des Bischofs in ein Boot legen und dieses vom Ufer in die Fluten des Rheins treiben. Wohin Gott es dann lenke, solle von allen als Gottesurteil angenommen werden. Aber welches Wunder! Das Boot mit dem heiligen Leichnam fuhr ohne Ruder und Steuerung, von Engelshand geführt, rheinaufwärts, und es landete nach etwa einer Stunde an einem Ort, der Rodenkirchen genannt wurde[8]. Da übernahmen die Trierer den Leichnam ihres Bischofs, brachten ihn nach Trier zurück und bestatteten ihn in der Nähe der Gräber der Heiligen Eucharius und Valerius.

[4] Porta Media – das Mitteltor. Siehe Kap. 1.

[5] Der erste Trierer Bischof ist Agritius, der für das Jahr 314 urkundlich nachgewiesen ist. Wenn die Trierer Tradition Eucharius als ersten Bischof annimmt, kann dies legendär sein oder es kann sich um einen Vorgänger Agritius' handeln, der aber dann für das 3. Jh. anzusetzen wäre.

[6] Die Stadt Tongern in der belgischen Provinz Limburg erinnert an diesen Stamm.

[7] Da Maternus im Jahre 54 nach Trier kam und er damals mindestens 20 Jahre alt gewesen sein mußte, hätte er ein Alter von 94 Jahren erreicht.

[8] Heute Stadtteil von Köln.

6 Die Thebäische Legion

Im Jahre 291 nach Christi Geburt holte Kaiser Maximian[1] wegen der in Gallien immer stärker werdenden Unruhen Soldaten aus dem Orient zu Hilfe. Es war eine Thebäische Legion, deren Soldaten getauft und von Papst Marcellinus (296–304) ermahnt worden waren, den christlichen Glauben zu bewahren.

Dieser Legion standen vor: Thyrsus und Secundus als Führer, ferner Mauritius als Hauptmann. Von ihnen verlor nach Rang und Namen Secundus[2] sein Leben bei dem italienischen Kastell Ventimiglia als Märtyrer. Mauritius opferte sein Leben mit einem Teil seiner Kameraden für Christus in St. Moritz (das von ihm seinen Namen hat). Thyrsus aber kam mit der Mehrzahl der Legionäre nach Trier; sie schlugen ihr Lager auf dem Marsfeld auf[3]. Dort wurden sie von den christlichen Senatoren Triers freundschaftlich und gastfrei aufgenommen. Als die Thebäer den Senatoren den Grund ihres Kommens mitteilten und zugleich ihren Rat und ihre Hilfe erbaten, wurden die Herzen aller, sowohl der Bürger wie der Legionäre, in der Liebe zu Christus so gestärkt, daß sie sich gegenseitig ermunterten, eher den Tod für Christus zu erleiden, als Götzenkult zu treiben und Christen zu bekämpfen.

Zur gleichen Zeit kam auch Rictius Varus, dem Kaiser Maximian die Trierer Präfektur übertragen hatte, begleitet von einem großen Heer, nach Trier. Sofort rief er die Soldaten der Thebäischen Legion, die Christen waren, zu sich und fragte sie, ob sie bereit seien, die römischen Götter anzubeten und deren Schmäher mit Waffengewalt zu unterjochen. Da antwortete ihm Thyrsus: Er und alle seine christlichen Kameraden und Soldaten wollten aus Liebe zu Christus lieber sterben als sich durch eine Gotteslästerung beflecken. Daraufhin befahl Rictius Varus, alle christlichen

[1] Mitregent Diokletians (286–305) sowie seines Sohnes Maxentius (306–308).
[2] Secundus = der Zweite.
[3] Siehe Kap. 1. Anm. 6.

Hinrichtung des Trierer Bürgermeisters Palmatius

Der Führer der Thebäischen Legion, Thyrsus, vor Gericht

Soldaten zu töten und ihre Leiber den Tieren und Vögeln zum Fraß zu überlassen. Von ihnen erlitt eine so große Anzahl den Märtyrertod nahe dem Moselufer beim Kapitol[4], daß die in die Mosel fließenden Bäche das Moselwasser durch das vergossene Blut bis nach Neumagen rot färbten.

Dieses Kapitol wurde später zu Ehren der Gottesmutter in eine Kirche umgewandelt; die Hinrichtungsstätte erhielt den Namen „Märtyrerstrand"[5]. Rictius Varus verübte dieses Gemetzel an Thyrsus und seinen Soldaten am 4. Oktober 291. Am folgenden Tage ließ er Palmatius, Bürgermeister und Patrizius der Stadt, mit elf angesehenen Bürgern hinrichten. Schließlich richtete er am dritten Tage auch unter den Christen einfachen Standes ein Blutbad an; überall sah man in der Stadt die Leichen der getöteten Christen.

Hier könnte jemand fragen, wieso Rictius Varus eine so große Menge Bürger und Soldaten niedermetzeln konnte oder weshalb die Thebäer oder die Trierer Bürger ihm nicht Widerstand zu leisten vermochten. Dazu ist festzustellen, daß die Thebäische Legion zuerst den Eid auf Gott und dann erst den Eid auf den Kaiser geleistet hatte. Sie zeigte damit, daß sie beide Eide hielt: einmal, weil sie die Götzenopfer ablehnte und dann, weil sie sich weigerte, sich und ihren Glauben mit Waffengewalt zu verteidigen. Im übrigen: Wenn die Thebäische Legion, vereint mit den Trierern, sich hätte wehren wollen, dann hätte sie nicht nur der Macht des Rictius Varus, sondern auch der des Kaisers Maximian Widerstand leisten müssen. Aber sie hielten ihre Eide, und, indem sie geduldig starben, forderten sie die Trierer Bürger auf, den Tod zu verachten[6].

[4] Für den Chronisten ist das Kapitol mit der späteren Abtei St. Marien identisch.

[5] Die Bezeichnung St. Maria ad martyres (zu den Märtyrern) kam erst gegen Ende des 12. Jahrhunderts auf.

[6] Der Bericht über die Thebäische Legion ist wahrscheinlich eine Wanderlegende: So wurden in Köln Teile der Thebäischen Legion mit ihrem Anführer Gereon hingerichtet; das gleiche geschah zu Xanten mit dem Heerführer Viktor.

7 Kaiser Constantin und seine Mutter Helena

Nach der grausamen Herrschaft des Rictius Varus wurde endlich unter der Herrschaft des Constantius Chlorus[1] die bürgerliche Ordnung wiederhergestellt. Dieser zeigte sich gütig gegenüber den Menschen und eine echte Frömmigkeit gegenüber Gott. Er befleckte seine Herrschaft weder mit dem Blut der Christen, noch zerstörte er ihre Kirchen. Daher war er den Trierern verehrungswert.

Dieser Kaiser brachte den Alemannen, die schon seit langem die Trierer Region verwüstet hatten, eine vernichtende Niederlage bei. Bei Langres war ihm das Schicksal an einem Tage ungünstig und günstig zugleich. Denn während er einerseits bei einem Angriff der Alemannen in die Stadt hineingedrängt wurde, wobei er, weil die Stadttore schon geschlossen waren, mit Stricken über die Stadtmauern gezogen werden mußte, vernichtete er andererseits, als das Gros seines Heeres zu ihm gestoßen war, fast 60000 Alemannen. Deren Könige nahm er gefangen und warf sie wilden Tieren vor, als er ein großes Festspiel veranstaltete.

Im 16. Jahr[2] seiner Regierung starb er zu York in Britannien. Sein Leichnam wurde nach Trier übergeführt und auf dem Marsfeld ehrenvoll begraben.

Er hatte mit Helena, einer Triererin aus edlem Geschlecht[3], einen Sohn, den er Constantin nannte und dem er die Herrschaft über Gallien hinterließ. Später[4] errang dieser die Alleinherrschaft über das gesamte römische Reich.

[1] Um 264–306. 293 von Kaiser Diokletian zum Caesar ernannt. 305 wurde er Augustus.

[2] Richtig: im 13. Jahr.

[3] Wahrscheinlich aus niedrigem Stand (nach Ambrosius eine Gastwirtstochter). Geburtsort unbekannt. Geboren um 257, † um 336.

[4] Constantin I. (280–337), 306 in York zum Augustus ausgerufen, gelang es, seine Konkurrenten um den Thron auszuschalten. Nach dem Sieg an der Milvischen Brücke (312) wurde er Alleinherrscher des Westreiches. Nach dem Sieg bei Adrianopel (324) war er Alleinherrscher. An ihn erinnern in Trier die Kaiserthermen, die Aula Palatina (Basilika) und Reste der konstantinischen Doppelbasilika.

Seine heilige Mutter aber begab sich mit einem großen Heere nach Jerusalem und fand dort mit Gottes Hilfe das heilige Kreuzesholz. Als dieser Fund gefeiert wurde, wandte sie sich an Papst Silvester I. (314 bis 335) mit der Bitte, wegen ihrer leiblichen Verwandtschaft mit der Stadt Trier einen geeigneten Prediger nach dort zu entsenden. Also suchte man einen Lehrer, und auf Beschluß aller Gläubigen wurde der hl. Agritius, Bischof von Antiochia, gewählt und mit den kostbarsten Reliquien, die wir noch nennen werden, bedacht und mit einem Privileg ausgestattet, das Papst Silvester folgendermaßen abfassen ließ[5]:

„Wie in heidnischer Zeit durch Deine besondere Tüchtigkeit, so empfange auch jetzt, Du Trierer, den Primat über Gallien und Germanien. Diesen Primat vor allen anderen Bischöfen dieser Gebiete hat ja schon das Oberhaupt der Kirche, Petrus, Dir durch die Überlassung seines Hirtenstabes gewährt. Er hat so gleichsam seine eigene Würde vermindert, damit Du daran teilhaben kannst. Ich, Silvester, sein unwürdiger Diener und Nachfolger, erneuere und bestätige diesen Primat durch den Patriarchen Agritius von Antiochia zu Ehren der Heimat der hl. Helena, die aus der Trierer Metropole stammt. Sie selbst hat mit glücklicher Hand durch die Überführung der Gebeine des hl. Matthias aus Judäa, mit dem Heiligen Rock, dem Nagel des Herrn, dem Zahn des hl. Petrus, den Sandalen des hl. Apostels Andreas, dem Haupte des hl. Cornelius und anderen Reliquien die Stadt Trier aufs prächtigste bereichert und sie in einzigartiger Weise gefördert. . .“[6].

Im Jahre 328[7] seit der Menschwerdung des Herrn wurde der hl. Agritius Bischof von Trier. Er entriß, gleichsam ein zweiter Eucharius, das Volk dem Wahn des Götzendienstes und weihte das Haus der hl. Helena dem hl. Petrus zu Ehren. Ferner bestimmte er das Gebäude zum Haupt der Trierer Kirche (Dom). Auch befahl die hl. Helena, eine Kirche mit reichlicher Ausstattung und mit großartigem architektoni-

[5] Das sog. Silvesterprivileg ist eine Fälschung im Dienste der Trierer Hegemonialbestrebungen. Es ist enthalten in der „Vita S. Agritii“ (siehe: H.V. Sauerland, Trierer Geschichtsquellen des XI. Jahrhunderts, Trier 1889).

[6] Siehe Anm. 5; ferner: Die „Vita S. Helenae“, ebenfalls bei Sauerland.

[7] Falsch, da Agritius bereits 314 als Bischof von Trier an der Synode zu Arles teilnahm.

schem Schmuck zu Ehren des hl. Kreuzes im Grundriß eines Kreuzes zu erbauen[8]. Die Gebeine des hl. Matthias wurden neben die Gräber des hl. Eucharius und seiner Jünger gebettet. Das Untergewand des Herrn (Hl. Rock) mit dem Nagel und den übrigen Reliquien wurden im St.-Peters-Dom aufbewahrt. Der hl. Agritius aber kehrte heim zum Herrn, als er sein Bischofsamt erfüllt hatte; er wurde neben dem Leib des hl. Eucharius bestattet[9].

[8] Hier ist Heiligkreuz gemeint. Die jetzige Kapelle stammt aus dem 11. Jahrhundert.
[9] Ca. 332. Möglicherweise im Norden der Stadt bei St. Maximin bestattet (Sauerland Anm. 5 S. 152 f.)

Kaiser Constantin der Große

8 Der Laienbischof Milo

Nach Bischof Lutwin (ca. 705–ca. 715) wurde sein Sohn Milo Bischof von Trier[1]. Er war kein Priester, und in ihm glänzte nichts von geistlicher Würde oder geistlichem Leben außer der Tonsur allein. Zu dieser Zeit entstanden schwere Kriege im Innern des Landes, verbunden mit Morden, als der Tyrann Karl Martell (714–741)[2], unehelicher Sohn König Pippins II. († 714), Bistümer an Laien vergab und es nicht mehr erlaubte, daß Bischöfe irgendeine Macht ausübten. Mit diesem Karl Martell zog Milo, nur durch die Tonsur ein Kleriker, nach Kleidung und Sitte aber ein irreligiöser Laie, in den Krieg und wurde nach dem Sieg bei Vinchy im Jahre 717 über die Neustrier[3] mit den Bistümern Reims und Trier belohnt[4]. Zu dieser Zeit wurde den Kirchen vieles weggenommen, Besitztümer wurden den Diözesen entrissen, Klöster zerstört, die kirchliche Disziplin war gelockert, so daß Kleriker, Priester, Mönche und Nonnen ohne kirchliche Normen lebten und unverdient schlechte Heimstätten hatten. Zeichen dieses Handelns sind heute noch in vielen Kirchen des Trierer Bistums zu sehen, die von Milo ihrer Besitztümer in einem Maße beraubt wurden, daß sie kaum mehr einen Priester unterhalten konnten, wie beispielsweise die Kirche des hl. Medard[5], die in der Nähe der St. Euchariuskirche

[1] Milo (715–753) erscheint als Repräsentant des verwilderten Episkopats zu Zeiten Karl Martells. Ein schlechtes Andenken hinterließ er vor allem in Reims. Das Urteil, das Erzbischof Hinkmar von Reims über ihn fällte, wurde auch von Trier übernommen. Die neuere Geschichtsschreibung ist in ihrem Urteil milder.

[2] Karl Martell erkämpfte sich das Majordomat gegen die Neustrier und Pippins Witwe Plektrudis. Berühmt ist die Schlacht zwischen Tours und Poitiers, in der Karl Martell die über die Pyrenäen gekommenen Araber besiegte (732).

[3] Neustrien = der romanische Westen des Frankenreiches von der Schelde bis zur Loire mit der Hauptstadt Paris.

[4] In den Bischofslisten von Reims erscheint Milo nicht.

[5] St. Medard = heute Stadtteil von Trier.

Milo-Kreuz
in
Trier-Ehrang

liegt, die Kirche in Taben, die Kirche des hl. Symphorian zu Trier[6], ferner die zu Ehren des heiligen Kreuzes auf Befehl der hl. Helena erbaute Kirche[7], die Kirche des hl. Remigius an der Mosel[8], die Kirche am Palast[9], die Kirche des hl. Beatus auf dem Berge bei Koblenz und die Kirche des hl. Stephanus außerhalb des Kastells Andernach[10].

Unterdessen starb Karl Martell (741). Von ihm wurde einst dem hl. Eucharius, dem Bischof von Orleans, offenbart, daß er in der untersten Hölle schmachte. Nachdem das Grab Martells geöffnet war, entstieg dem Sarkophag eine Schlange von übernatürlicher Größe. Karls Gebeine aber waren nicht mehr vorhanden.

Der Tyrann Milo aber wurde, während er mit Eifer auf der Jagd war, von einem Eber durchbohrt. Er starb in dem Weiler Ehrang, am ersten Meilenstein von Trier[11]. Dort wurde er auch bestattet, vierzig[12] Jahre nach Beginn seiner tyrannischen Herrschaft.

[6] Lag im Norden der Stadt, wenig unterhalb der heutigen Kaiser-Wilhelm-Brücke.

[7] Die Kirche in Heiligkreuz.

[8] St. Remigius lag im Raum der Straßenkreuzung Maar-Zurmaienerstraße. Zurmaien hat seinen Namen von „ad Sanctum Remigium" und später „Remeien".

[9] Vorgängerin der St. Laurentiuskirche am Kurfürstlichen Palast.

[10] Insgesamt handelt es sich um kleinere Kirchen. St. Maximin, St. Paulin, St. Martin, St. Marien fehlen in der Reihe, ganz abgesehen von den Kirchen, die der Verfügungsgewalt des Trierer Bischofs entzogen waren wie Echternach, Pfalzel und Ören. Den Verlusten stehen auch Förderungen und Schenkungen an Kirchen und Klöster gegenüber, so dem Dom, St. Maximin und dem Kloster Mettlach. Von einer völligen Zerrüttung des Trierer Bistums kann keine Rede sein. Siehe Anm. 1.

[11] Der Stein ist heute noch in Ehrang erhalten.

[12] Genau: 38 Jahre.

9 Der Normannensturm

Im Jahre 881 kam die Strafe des Himmels über Lotharingien[1], das Reich König Lothars II. (855–869), des Ehebrechers, der von der Kirche exkommuniziert worden war[2]. Damals vernichteten die Normannen, die vor vielen Jahren ausgezogen waren und die Stadt Nantes zerstört und ihren Bischof am Karsamstag, als er das Taufwasser weihte, mit seinem Klerus getötet hatten (843), noch die mächtigen Städte Tours, Poitiers, Lüttich, Maastricht, Köln, Bonn, Aachen, Zülpich, Prüm und die Königsfeste Nimwegen.

Als die Trierer dies erfuhren, verbargen sie in unterirdischen Höhlen, was in der Stadt an Geld und Schmuck der Kirche vorhanden war. Auch die Sarkophage der Heiligen verbargen sie tief in der Erde, damit ihre Gebeine nicht den Barbaren zum Spotte dienen könnten. In der Krypta der St. Paulinuskirche, wo der Sarkophag des hl. Paulinus an Ketten hing und wo die Gebeine von 13 Märtyrern ruhten, nahm man die in goldenen Lettern aufgezeichneten Namen dieser Heiligen weg in der Hoffnung, die Normannen würden dann diese Särge für gewöhnliche Gräber halten. Weil aber die Möglichkeit nicht ausgeschlossen war, daß alle Pauliner Stiftsherrn umkämen, schrieben sie die Namen und Verdienste dieser Märtyrer auf eine Bleitafel, die sie unter einem Altarstein vergruben.

Auch die Särge des hl. Eucharius und der anderen Heiligen[3] versenkte man tiefer in die Erde. So machte man es auch in anderen Kirchen.

[1] Lotharingien – das Gebiet zwischen Nordsee und den Mosel- bzw. Maasquellen. (Lothari regnum = Lothringen).
[2] Lothar wollte seine Gemahlin Theuteberga verstoßen und seine Geliebte Waldrada heiraten. Papst Nikolaus I. (858–867) verhinderte dies. Da u.a. der Trierer Metropolit Teutgaud (847–868) Lothar in seiner Absicht unterstützte, wurde er vom Papst abgesetzt.
[3] Das Grab des hl. Matthias wird hier nicht erwähnt.

Am Gründonnerstag des Jahres 882, am 5. April, überfielen die Normannen, von der Eifel her kommend, Trier und besetzten die Stadt, nachdem es Bischof Bertolf (869–883) gelungen war, Trier mit einigen Bürgern zu verlassen. Ermüdet von den Strapazen, erholten sich die Normannen einige Tage, um dann die gesamte Stadt völlig zu zerstören. Alle Einwohner, die sie inner- und außerhalb der Stadt antrafen, töteten sie mit ihren Schwertern; dann brannten sie die Stadt und alle Klöster nieder. Als sie auch in St. Paulin Feuer legen wollten, dieses aber durch göttliche Einwirkung immer wieder erlosch, da zerbrachen sie die Ketten, an denen der Sarkophag des hl. Paulinus hing. Trotzdem senkte sich der Sarg nicht zur Erde, sondern blieb in der Höhe schweben.

Am Ostermontag zogen die Normannen ab; die Stadt war ein Brandhaufen, und überall lagen Leichen. Als die Normannen nun gegen Metz zogen, vereinigte sich Walo, der Bischof von Metz, mit dem Trierer Bischof Bertolf und dem Grafen Adelhard, um den Normannen den Weg abzuschneiden. Allein, die Normannen siegten; Bertolf entkam, doch fanden die Normannen es geraten, nicht weiter nach Metz vorzudringen, sondern sie zogen sich, mit Beute beladen, in die Ardennen zurück.

Der Sarg des heiligen Paulinus (Nachbildung)

10 Erzbischof Egbert bringt den Stab des heiligen Petrus nach Trier zurück

Erzbischof Egbert (977–993), Sohn des Grafen Theoderich II. von Holland, war ein Mann bleibenden Gedenkens und durch Adel und Tüchtigkeit in gleicher Weise ausgezeichnet. Er stellte mehrere Klöster wieder her, darunter St. Eucharius und St. Marien. Auch beschenkte er die Trierische Kirche reichlich mit goldenen und silbernen Kruzifixen[1], mit Meßbüchern[2], Kaseln[3], Dalmatiken[4], Tuniken[5], Pallien[6], Chormänteln, liturgischen Tüchern und Gefäßen[7] und mit Ländereien.

Durch ihn gewann die Trierische Kirche auch den schon lange verlorenen Stab des hl. Petrus zurück[8]. Wie sie ihn verlor, wollen wir hier kurz berichten. Als die Hunnen beabsichtigten, den Rhein zu überschreiten, da sah der hl. Servatius, Bischof von Maastricht, Mord, Brandschatzung und die Zerstörung von ganz Gallien voraus. Dies zu verkünden, ging er nach Rom, um mit dem Beistand des Apostolischen Stuhles den Zorn des Herrgotts zu mildern. Er mußte aber vom Papst hören,

[1] In seiner in Trier bestehenden Goldschmiedeschule entstanden zahlreiche wertvolle Goldschmiedearbeiten wie z.B. der Andreasschrein und die Umhüllung des St.-Petrus-Stabes.

[2] Plenarium – Missale oder auch Evangeliar oder Epistolar. Berühmt ist vor allem der Egbert-Codex, den er auf der Insel Reichenau erstellen ließ und der sich heute in der Stadtbibliothek Trier befindet. Das Wort „plenarium“ wird auch für liturgische Gefäße verwendet.

[3] Casula – wörtlich „Hüttchen“; seinem Ursprung nach außerrömische Bezeichnung des Meßgewandes.

[4] Dalmatica – Obergewand der Diakone.

[5] Tunica – a) Albe, b) Obergewand des Subdiakons.

[6] Eine weißwollene, mit sechs schwarzen Kreuzen gezierte, etwa drei Finger breite Schmuckbinde, die ringförmig auf den Schultern aufliegt. Sie wird normalerweise den Erzbischöfen und Metropoliten verliehen, ehrenhalber auch an Bischöfe. So trug z.B. der Trierer Bischof Michael Felix Korum (1880–1921) das Pallium.

[7] Cortina hat mehrere Bedeutungen: Weihgefäß, wertvolle Tuche und auch kleines Wohnhaus.

[8] Die Trierer Legende vom Bischofsstab des hl. Petrus dürfte auf die Tatsache zurückzuführen sein, daß der Papst keinen Bischofsstab trägt.

Stab des heiligen Petrus

daß die Strafe des Himmels nicht abzuwenden sei und daß keine Stadt in Gallien unzerstört bleiben würde mit Ausnahme des Klosters St. Stephanus zu Metz. Als die Trierer dies erfuhren, beschlossen sie, alle beweglichen Reliquien von Trier nach Metz zu bringen.

Nachdem die Hunnen die Gebiete vom Rhein bis zur Loire erobert, verwüstet und zerstört hatten, forderten die Trierer ihr Eigentum von Metz zurück. Doch sie bemühten sich lange Zeit vergebens. Schließlich einigte man sich, wonach die Stadt Trier alljährlich eine bestimmte Summe Geldes an das St.-Stephanus-Kloster in Metz zahlen sollte, um auf diese Weise die Rückgabe von Teilen ihres Besitzes zu erreichen. Als den Trierern alles, mit Ausnahme des Bischofsstabes des hl. Petrus, zurückgegeben war, erhoben sie Klage beim König. Aber erst dem mächtigen Erzbischof Bruno von Köln[9], Bruder des Königs Otto I., gelang es, den Metzern den Stab abzuringen. Anstatt ihn aber den Trierern zurückzugeben, schenkte er ihn der Kölner Kirche. Erst Erzbischof Egbert gelang es, einen Teil des Stabes zurückzubekommen. Auf sein Drängen hin schnitt der Kölner Bischof, Warinus, einen Teil mit der Spitze ab, behielt ihn für sich und schickte nur den unteren Teil nach Trier[10].

Als einst das Fest des hl. Eucharius bevorstand, reiste Egbert zu dieser Abtei[11], um das Meßopfer zu feiern. Als er nach den Feierlichkeiten von den Mönchen zu Speise und Trank eingeladen wurde, lehnte er dies ab, um nicht den Mönchen zur Last zu fallen.

Als er aber zum Olewiger Bach[12] kam, versagten infolge einer Erkrankung seine Kräfte. Als er seine Residenz erreicht hatte, starb er. Er wurde in der kleinen Kapelle bestattet, die er selbst zu Ehren des hl. Andreas gebaut hatte[13].

[9] Bruno I. (925–965), wurde 951 Kanzler, 953 Erzbischof von Köln und Verwalter des Herzogtums Lothringen.
[10] Als 1794 die französischen Revolutionstruppen sich Trier näherten, wurde das Trierer Stück nach Limburg (damals noch zur Trierer Erzdiözese gehörig) gebracht, aber niemals zurückgegeben. Es befindet sich heute im Limburger Domschatz.
[11] Gemeint ist die Abtei St. Eucharius/St. Matthias, damals weit außerhalb der Stadt gelegen.
[12] Der Olewiger Bach teilte sich seit der Mitte des 10. Jahrhunderts in den Stadt- und Weberbach und in einen Bach, der im Zuge der heutigen Hohenzollernstraße zur Mosel fließt. Die Erkrankung dürfte bei der Löwenbrücke (Saarstraße in der Nähe des Südbahnhofs) aufgetreten sein.
[13] Die Lokalisierung der heute nicht mehr bestehenden Kapelle ist noch nicht gelungen. Wahrscheinlich lag sie zwischen dem nördlichen Kreuzgang und dem Ostchor des Domes.

11 Kaiser Heinrich II. belagert die Trierer Pfalz (Basilika)

Während der Amtszeit des Erzbischofs Ludolf (994–1008), eines Sachsen, leitete das Stift des hl. Paulinus der Propst Adalbero von Luxemburg, ein mächtiger und reicher Mann, der die Burgen Saarburg, Bernkastel und Ruettgen[1] besaß. Dieser bemächtigte sich mit Zustimmung Ludolfs der Kirche St. Symphorian[2], teils mit Gewalt, teils mit List. Er raubte sie der Abtei St. Martin und unterstellte sie dem Stift St. Paulin.

Nach dem Tode Ludolfs bemächtigte er sich, im Vertrauen darauf, daß seine Schwester Kunigunde mit Kaiser Heinrich dem Lahmen[3] verheiratet war, des Trierer Bischofsstuhles. Er zwang alle Bewaffneten, den Treueid auf seinen Namen zu leisten. Auch besetzte er die bischöfliche Pfalz und befestigte die Römerbrücke mitsamt ihren Türmen.

Kaiser Heinrich aber gab die Trierer Bischofswürde dem Mainzer Dompropst Megingaud (1008–1015)[4]. Da dieser die Macht Adalberos nicht brechen konnte, zog Kaiser Heinrich mit einem Heer nach Trier und belagerte die Pfalz vom zweiten Sonntag nach Ostern bis zum 1. September 1008. Durch diese Belagerung wurde nicht nur die Umgebung der Stadt verwüstet; auch die Stadt selbst, die nach der Zerstörung durch die Normannen wieder einigermaßen aufgebaut und bewohnt war, begann wieder zu veröden. Nicht nur die Belagerer bedrängten die in der Pfalz

[1] Heute Roussay an der französisch/luxemburgischen Grenze gelegen.
[2] Unterhalb der Abtei St. Martin gelegen.
[3] Kaiser Heinrich II. oder der Heilige. Die Gesta nennen hier Heinrich schon Kaiser, obwohl er (seit 1006) nur deutscher König war. Die Kaiserwürde erhielt er erst 1014.
[4] Heinrich II. stellte sich gegen den Ausdehnungsdrang des Luxemburger Geschlechtes. Aus diesem Grunde verweigerte er einem zweiten Luxemburger Schwager, Theoderich, die Anerkennung als Bischof von Metz.

Eingeschlossenen, sondern auch diese bedrängten durch häufige Ausfälle ihre Belagerer, wobei sie die Umgebung der Pfalz verwüsteten.

Eines Tages zog vom Juraberge[5] unter dem Schutz von Bewaffneten eine Menge Rinder und Schafe, die für die Truppen des Kaisers bestimmt waren, zur Stadt hinab. Als dies die Verteidiger der Pfalz sahen, machten sie plötzlich einen Ausfall, jagten die kaiserlichen Truppen in die Flucht und trieben die Rinder und Schafe in den Pfalzbering. Die kaiserlichen Truppen folgten ihnen und stürmten mit ihnen durch das offene Tor in den Hof der Pfalz. Unverzüglich schlossen nunmehr die Verteidiger das Tor und warfen von der Höhe der Pfalz Steine auf die eingedrungenen kaiserlichen Truppen. Einen Teil töteten sie, andere verwundeten sie schwer, den Rest nahmen sie gefangen. Keiner entkam.

Nunmehr befahl der Kaiser, die bei der Pfalz liegenden Häuser abzureißen, um mit diesem Material seine Belagerungsmaschinen höher aufstellen zu können, damit er den Gegner nunmehr auf gleichem Niveau bekämpfen könnte. Doch die Belagerten verteidigten sich tapfer und warfen Feuerbrände gegen die kaiserlichen Wurfmaschinen. So wurden diese verbrannt und unbrauchbar gemacht.

Weil der Kaiser bei der Belagerung keine Fortschritte erzielte, gab er Anfang September die Belagerung auf. Einen Teil der Brücke, die Adalbero besetzt hatte, ließ er zerstören. Den von ihm eingesetzten Erzbischof Megingaud bestätigte er in seinem Amt. Dieser konnte sich aber in Trier nicht halten und war gezwungen, von Koblenz aus das Erzbistum zu verwalten. Adalbero aber behielt den größten Teil der erzbischöflichen Einkünfte. Erst kurz vor dem Tode Megingauds gab er, von einer schweren Krankheit befallen, alles zurück; nur die Pfalz in Trier behielt er.

Nach dem Tod Megingauds setzte Kaiser Heinrich II. Poppo von Babenberg (1016 bis 1047), den Sohn des Markgrafen der bayrischen Ostmark, zum Ärger Adalberos zum Bischof von Trier ein mit den Worten: „Einen solchen Mann muß ich schicken, der in der Lage ist, dem Wahnsinn Adalberos Widerstand zu leisten.“ So mußte Adalbero, von Reue ergriffen und außerstande, der Macht Poppos zu widerstehen, zu Poppo gehen und ihm die Pfalz, seine Burgen und seine Güter übergeben. Adalbero selbst blieb bis zu seinem Tode im Stift St. Paulin.

[5] Heutiger Petrisberg.

Kaiser Heinrich II.

12 Erzbischof Poppo stellt die erzbischöfliche Macht wieder her

Wie bereits berichtet wurde, unterwarf Erzbischof Poppo nach seiner Ernennung zum Trierer Erzbischof zunächst seinen Hauptgegner, den Propst Adalbero von St. Paulin. Seine Burg in Bernkastel ließ er niederreißen. Auch die Burg Skiva[1], die dem Tyrannen Adalbert gehörte, machte er dem Erdboden gleich.

Adalbert besaß aber noch eine Burg, die einst als Kirche zu Ehren des Heiligen Kreuzes erbaut worden war[2] und die er in eine Feste umgewandelt hatte. Von dort aus machte er mit seinen Bewaffneten des öfteren Ausfälle gegen die erzbischöfliche Kurie[3]. Alle Abgaben, die für den Bischof bestimmt waren, raubte er mit Gewalt und brachte sie in seine Burg. Den Erzbischof erbitterten diese Ausfälle und Plünderungen, zumal er seinen Gegner wegen der starken Befestigung seiner Burg nicht vertreiben konnte. Nachdem er sich mehrmals bei seinen Freunden beklagt hatte, schmiedete er einen Plan, der die ihm so oft zugefügte Schmach rächen sollte.

Nun gab es im Gefolge des Erzbischofs einen Mann namens Siko, der stark an Körperkräften war und durch seinen Reichtum Einfluß besaß. Dieser schlug dem Erzbischof vor, er wolle versuchen, dieser Plage ein Ende zu bereiten. Poppo war einverstanden und wünschte ihm Erfolg.

So kam Siko eines Tages zur Pforte der Burg, klopfte an und bat um einen Trank. Als er ihn erhalten und getrunken hatte, sagte er zum Mundschenk: „Melde Deinem Herrn, daß ich ihm von Herzen danke. Richte ihm auch aus, daß ich mich bald bemühen werde, mit dankbarem Herzen diesen Trank zu vergelten." Dann entfernte er sich.

[1] Burg Montclair bei Mettlach.

[2] Die Burg dürfte im Gelände der Kaiserthermen gelegen haben, wo es eine Kreuzeskirche gab. Siehe Kirchliche Denkmäler der Stadt Trier, S. 95.

[3] An der Liebfrauenkirche gelegen.

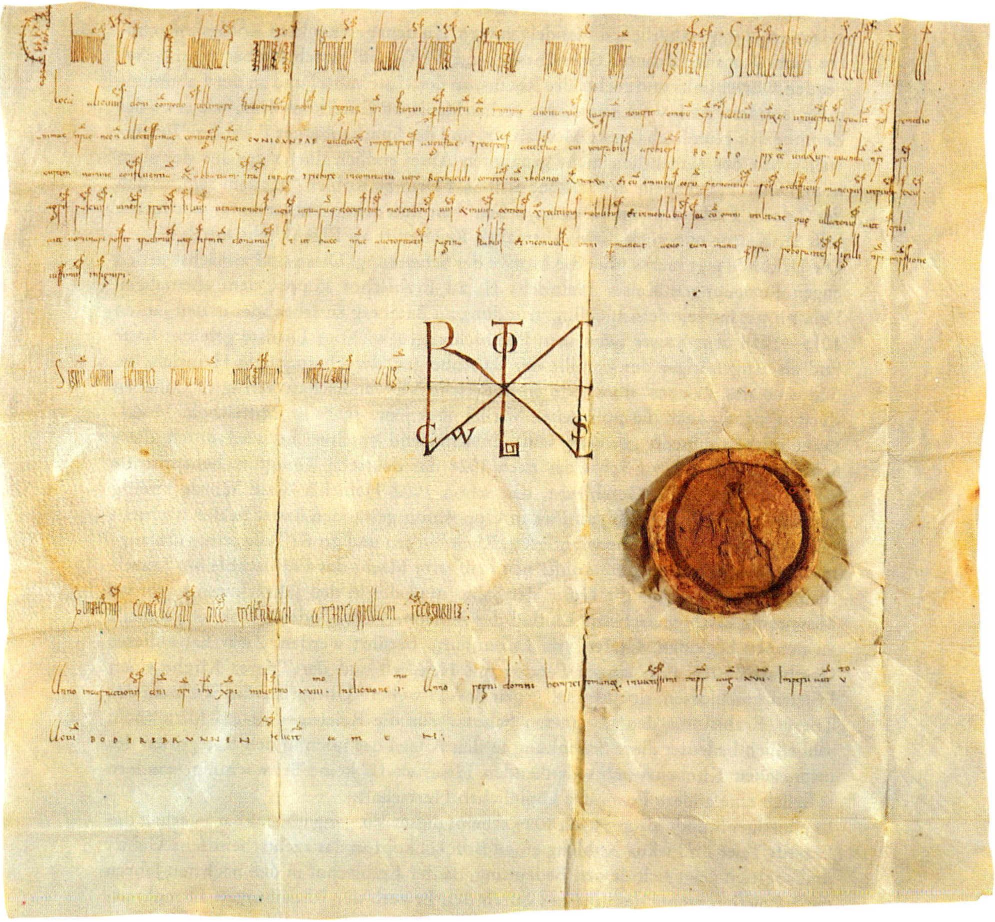

Kaiser Heinrich II. schenkt dem Trierer Erzbischof Poppo seinen Hof Koblenz mitsamt dem Zoll, der Münze und den Bauten

Siko machte nunmehr dreißig offene Fässer zurecht. In jedes dieser Ohmfässer[4] steckte er einen mit Helm, Schwert und Panzer gerüsteten Mann. Nachdem er die Fässer mit Tüchern zugedeckt hatte, brachte er an ihnen Stricke an, durch die er Tragbalken steckte. Dann stellte er noch eine Gruppe von sechzig Mann als Träger zusammen – alle auserlesene Männer, die Kleider einfacher Leute trugen und ihre Schwerter ebenfalls in den Fässern versteckt hatten. Kein Mensch, außer den Beteiligten, wußte von dieser List.

Mit diesen Leuten und den Fässern begab sich Siko eines Tages zur Burg Adalberts. Als der Kastellan wissen wollte, wer er sei und was er begehre, sprach Siko: „Sag' Deinem Herrn, daß ich mit großer Ehrerbietung ihm den versprochenen Wein bringe, zumal er ja auch damals, als ich Durst hatte, es nicht unterließ, mir einen Becher Wein zu reichen." Der Kastellan meldete dies seinem Herrn, und Adalbert ließ die Männer in die Burg hinein. Als die Fässer abgestellt waren, ließ Siko die Tücher von den Fässern entfernen; sogleich sprangen die bewaffneten Männer aus den Fässern, zückten ihre Schwerter und töteten Adalbert und seine Gefolgschaft. Die Burg wurde niedergerissen und Siko zum Dank mit einem Lehen[5] ausgezeichnet[6].

[4] Ohm = altes Flüssigkeitsmaß = ca. 150 Liter.
[5] Das Lehen war im Mittelalter ein geliehenes Gut, dessen Empfang zum Kriegsdienst und zur Treue gegenüber dem Lehnsgeber verpflichtete.
[6] Diese Erzählung hatte sicherlich den Fall Trojas mit Hilfe des hölzernen Pferdes zum Vorbild.

13 Verurteilung zweier häretischer Priester

Unter dem Episkopat Erzbischof Brunos, Graf von Bretten und Lauffen (1102 bis 1124), gab es in Ivoy[1] (heute Carignan), das zur Trierer Diözese gehörte, Irrlehrer, die die wirkliche Verwandlung der Substanz von Brot und Wein in Christi Leib und Blut durch die Segensworte des Priesters leugneten; auch behaupteten sie, das Tauf-Sakrament gereiche den Kindern nicht zum Heile. Vier dieser Irrlehrer wurden dem Erzbischof Bruno vorgeführt: zwei Priester und zwei Laien. Der eine Priester hieß Friedrich, der andere führte zwei Namen: Dominikus Wilhelm. Von den Laien hieß der eine Durandus, der andere Hamelrich.

Als der Erzbischof die beiden Laien befragen wollte, entwich Hamelrich und floh. Durandus dagegen bekannte, daß er bis jetzt Anhänger dieser Irrlehre gewesen sei; nunmehr wolle er aber davon Abstand nehmen. Angesichts beigebrachter Reliquien bekräftigte er seine Absage an diese Irrlehre durch einen Eid.

Als Erzbischof Bruno den Priester Friedrich verhörte, erklärte dieser, daß er an seiner Meinung festhalte. Daraufhin sprach Bruno: „Du, der Du Lehrer der Gläubigen sein solltest, hättest allen die reine Lehre verkünden und Äußerungen des Unglaubens unterlassen sollen.“ Den hl. Augustinus zitierend, fuhr er fort: „Da es nicht recht ist, Christus leiblich mit unseren Zähnen zu essen, wollte Christus selbst, daß Brot und Wein im Mysterium wahrhaft und wirklich zu seinem Fleisch und Blut durch die Konsekration verwandelt und täglich für das Leben der Welt mystisch ge-

[1] Das heutige Carignan, im französischen Département des Ardennes gelegen, gehörte wie der größere Teil Luxemburgs und der Grenzregionen Frankreichs (bis in die Nähe der Maas) zum Erzbistum Trier. Es unterstand dem Archidiakonat Longuyon, das wiederum in deutsche und wallonische (französische) Dekanate unterteilt war. Erst 1784 forderte und erhielt Frankreich für die französischen Teile des Erzbistums Trier ein eigenes Generalvikariat und Offizialat, das in Longwy eingerichtet und mit dem (französischen) Trierer Weihbischof d'Herbain besetzt wurde. Lit.: E. Zenz, Die Gründung des Generalvikariats Longwy. Trier 1949.

opfert werden." Wie sein Fleisch aus der Jungfrau Maria durch den Heiligen Geist ohne Geschlechtsakt geschaffen wurde, so sollte durch ihn (den Heiligen Geist) aus der Substanz des Brotes und Weines auch der Leib Christi konsekriert werden.

Da der Priester Friedrich auf seinem Unglauben beharrte, forderten die Umstehenden Bruno auf, ihn seiner Priesterwürde zu entkleiden und ihn als Häretiker zu verurteilen. Die Erregung der Masse gab Friedrich Gelegenheit zur Flucht. Er tauchte in der Menge unter und floh. So konnte er nur in Abwesenheit verurteilt werden.

Der zweite Priester Dominikus Wilhelm dagegen bestritt, Anhänger dieser Irrlehre gewesen zu sein. Da andere ihm widersprachen und behaupteten, sie hätten diese Irrlehre aus dieses Priesters Munde gehört, sagte Dominikus Wilhelm, er wolle sich gerne einem Gottesgericht unterwerfen, um den gegen ihn erhobenen Verdacht zu entkräften.

Man ließ ihn daraufhin eine Messe lesen. Den Kanon[2] mit den Konsekrationsworten ließ man ihn laut singen[3]. Als es zur Kommunion kam, fügte Erzbischof Bruno folgende Beschwörungsworte hinzu: „Wenn Du mit gottlosem Munde den frechen Ausspruch gewagt hast, dieses lebensspendende Sakrament unseres Heiles, das Du in Deinen Händen hältst, sei nicht wahrhaft Christi Fleisch und Blut, dann untersage ich Dir unter Berufung auf dieses Mysterium, dessen Empfang zu wagen. Wenn Du aber den katholischen Glauben bekennst, dann empfange es." Und der Priester Dominikus Wilhelm empfing es. Vorher aber hatte er Gott um Verzeihung seiner Sünden gebeten, die ihm auch gewährt wurde.

Als er wieder nach Hause zurückgekehrt war, brach er sein Versprechen und vertrat von neuem die abgeschworene Irrlehre mit größerer Hartnäckigkeit als zuvor. Vom Geiste der Unzucht verführt, wurde er bald bei einem Ehebruch ertappt und erlitt nun die seiner Schuld angemessene Strafe.

[2] Kanon – das Kernstück der Messe, ursprünglich von der Präfation, später vom Gebet „Te igitur" bis zum „Amen" des Vaterunsers.

[3] Der Kanon wurde seit dem 8. Jahrhundert still gebetet und die Konsekrationsworte leise gesprochen, beides in lateinischer Sprache. An die Stelle des Kanons ist nach dem II. Vatikanischen Konzil das Eucharistische Hochgebet getreten, das laut gesprochen oder (einschließlich der Konsekrationsworte) in der jeweiligen Landessprache auch gesungen werden kann.

Erzbischof Bruno

14 Machtkampf zwischen Erzbischof Albero von Montreuil und dem Trierer Pfalzgrafen Ludwig[1]

Albero entstammte einem in Toul ansässigen Grafengeschlecht. Schon früh konnte er eine stattliche Anzahl von Würden und Einkünften in sich vereinen. Er war Primicerius[2] am Metzer Dom, Propst von St. Arnual[3] und Archidiakon[4] in den Domkapiteln von Verdun und Toul. Dort hatte er auf seinem väterlichen Erbgut, das „monasteriolum"[5] genannt wurde, eine Abtei errichtet. Im Jahre 1126 wurde er zum Erzbischof von Magdeburg gewählt. Albero aber lehnte ab. Das Gleiche geschah, als man ihn einstimmig zum Erzbischof von Halberstadt wählte. Als dies Albero vernahm, verzichtete er auf das Mahl, das man ihm bereitet hatte, und befahl den Seinen, ihm zu folgen. Auch die Trierer wählten ihn im Jahre 1130, als Erzbischof Meginher von Fallemagnien (1127–1130) gestorben war, zum Erzbischof. Da sie aber Alberos Abneigung, einen Bischofssitz zu übernehmen, kannten, wandten sie sich brieflich an den Papst.

Da zur gleichen Zeit (1131) in Reims eine Synode stattfand, an der auch Albero teilnahm, befahl Papst Innozenz II. (1130–1143) Albero, seinen Platz unter den Erzbischöfen zu nehmen. Dann führte er ihn nach Vienne[6] und weihte ihn zum Bischof[7].

[1] Seit der Mitte des 10. Jh. erscheint in Trier kein Gaugraf (Vertreter des Königs) mehr. Ab 959 residiert an seiner Stelle ein bischöflicher Beamter, der comes palatinus. Der Bischof war Herr der Stadt.

[2] Von Primus in cera – der erste auf der Wachstafel, einem Verzeichnis. Allgemein an den Domkapiteln der erste Dignitär = Dompropst.

[3] Heute Stadtteil von Saarbrücken.

[4] Archidiakon, Leiter eines der Archidiakonate, in die die Erzdiözese Trier eingeteilt war. Die Archidiakone wurden Chorbischöfe (antike Bezeichnung der Landbischöfe; kein Bezug zum Chor) genannt.

[5] Daraus entwickelte sich „Monterol" und „Montreuil".

[6] Vienne, Stadt an der Rhône.

[7] Ein Verstoß gegen das Wormser Konkordat von 1122, wonach der Bischofsweihe die Belehnung mit den Regalien (dem König vorbehaltene Hoheitsrechte) durch den König vorauszugehen hatte. So erhielt Albero, als er 1132 anläßlich des Osterfestes nach Aachen zum König kam, die Belehnung erst, nachdem er versichert hatte, daß die Bischofsweihe in keiner Weise die Rechte des Königs schmälern sollte.

Erzbischof
Albero

Als die Kunde davon nach Trier kam, schwor der Trierer Pfalzgraf Ludwig, er werde Albero, wenn er die Stadt Trier betrete, töten. Er fügte seinem Schwur hinzu, er selbst werde der erste sein, der sich auf ihn stürzen werde. Der Grund, warum der Pfalzgraf sich dem neuen Erzbischof so widersetzte, lag in der Tatsache, daß Ludwig es während der Amtszeit des Erzbischofs Gottfried (1124–1127), des Vorvorgängers Alberos, verstanden hatte, die erzbischöfliche Pfalz[8] und die gesamten bischöflichen Einnahmen in seine Verfügungsgewalt zu bringen. Er behauptete, alle dem Bischof gehörenden Güter seien diesem nur zu Lehen gegeben. Deshalb gehöre es zu seinen Rechten, das Erzstift zu regieren, Verordnungen zu erlassen und die Reisigen zu befehligen. Dem Erzbischof, so sagte er, obliege es, Messen zu zelebrieren, Kleriker zu Priestern zu weihen und Kirchen zu konsekrieren. Um seine Macht zu zeigen, stellte Ludwig für die bischöfliche Tafel täglich nur einen Sester[9] Wein und zwei Sester Bier zur Verfügung, während seine Tafel üppig gedeckt war.

So kam es, daß Albero von den bischöflichen Einkünften nicht genügend vorfand, um seinen Unterhalt und den seines Hauswesens bestreiten zu können. Burggraf Ludwig hielt alles in Verwahrung und teilte Albero täglich nur soviel zu, wie ihm gut schien. Das übrige verbrauchten er selbst und seine Mannen.

Nachdem Albero diese Behandlung eine Zeitlang ertragen hatte, mißbrauchte Ludwig noch mehr seine Geduld. Als an einem Nachmittag Albero Gäste hatte, befahl er seinen Dienern, Wein zu bringen. Als die Diener zur Pfalz kamen, sagte ihnen der Verwalter Ludwigs, er könne ohne Auftrag seines Herrn nichts herausgeben.

Nunmehr zog Albero nach Pfalzel und ließ die dortige kleine Pfalz[10] wieder in Ordnung bringen. Als dies geschehen war, befahl er, alle ihm zukommenden Lebensmittel und Getränke nicht mehr nach Trier, sondern nach Pfalzel zu bringen. Ironisch erklärte er: „Nun mag Ludwig seine Pfalz haben!“ Drei Jahre hielt Ludwig diesen Zustand in seiner Pfalz aus; dann mußte er nachgeben. Er kam barbüßig nach Pfalzel und warf sich Albero zu Füßen. Er flehte um Gnade und gab die Pfalz zurück[11].

[8] Bering der Basilika.
[9] Etwa 15 Liter.
[10] Die erzbischöfliche Pfalz entstand aus dem römischen Palatiolum.
[11] Albero regierte bis 1152.

15 Papst Eugen III. weilt mehrere Wochen in Trier

Im Jahre 1147 kam Papst Eugen III. (1145–1153) nach Frankreich. Erzbischof Albero traf ihn in Provins, um dann mit ihm in Paris das Osterfest zu feiern. Bei diesem Treffen bestätigte der Papst alle Privilegien der Kirche von Trier, wozu auch die Unterordnung der Abtei St. Maximin unter den Erzbischof zählte[1]. Albero wurde auch vom französischen König Ludwig VII. (1137–1180) und dem Grafen Theobald[2] mit Geschenken ehrenvoll bedacht.

Bevor Albero nach Trier zurückkehrte, lud er den Papst zu einem Besuch nach Trier ein.

Am 29. November 1147 kam Papst Eugen III. nach Trier. Am Tage vorher war er in der Abtei St. Eucharius (heute St. Matthias) mit allen Ehren empfangen worden.

Am nächsten Tag, einem Sonntag, wurde er, verehrt von Klerus und Volk, in einer ungewohnt prachtvollen Prozession und mit erinnerungswerter Feierlichkeit in den Dom geführt. Zu seiner Rechten schritt Albero, zur Linken Erzbischof Arnold von Köln. Ihnen schritten voran viele Bischöfe aus Deutschland, den Niederlanden, aus Frankreich, England, Burgund, der Lombardei und Tuskien und aus allen Nationen, die es unter dem Himmel gibt. Aber es verdrießt mich keineswegs, auch die Kardinäle zu erwähnen, die mit dem Papst nach Trier gekommen waren: Männer von großartiger Gestalt, Erscheinung und Haltung sowie von hervorragender Gelehrsamkeit und ehrenhaftem Charakter.

[1] Die Abtei St. Maximin war jahrhundertelang in ihrem Status umstritten. Der Trierer Erzbischof verlangte die Oberhoheit, während die Abtei sich den Grafen von Luxemburg, später auch den Herzog von Burgund als Schirmvogt gedungen hatte. Schließlich betrachtete sie sich als reichsunmittelbar.
[2] Pfalzgraf, Sohn des Grafen Stephan und der Adula, Schwester des englischen Königs Heinrich I.

Diesen allen stellte Albero zwölf Wochen hindurch alles zum Leben Notwendige in solcher Überfülle zur Verfügung, daß sie bekannten, es sei ein Füllhorn über sie ausgegossen worden. Was soll ich noch berichten von Erzbischöfen, Bischöfen, Äbten, Archidiakonen, Pröpsten, Herzögen und Grafen, die nach Trier gekommen waren? Keinen von ihnen schloß Albero von seiner Freigebigkeit aus.

Am ersten Weihnachtstage 1147 ritt der Papst, auf einem Zelter[3] sitzend, zur Paulinuskirche, wobei Kardinäle und Bischöfe auf weißgedeckten Pferden vorausritten[4].

Von dort zurückgekehrt, feierte er das Meßopfer inmitten einer solchen Volksmenge, daß im ganzen Dom kein Fußbreit Platz mehr zu finden war. Was soll ich schildern, wie an diesem heiligen Tage nach der Feier des Meßopfers auf der einen Seite der Papst mit den Kardinälen, auf der anderen Seite Albero mit den Bischöfen in vollem Ornat an gegenüberstehenden Tischen sich niederließen? Wie könnte jemand einen solchen Aufwand berechnen?

Soll ich noch erzählen, daß Albero vor der Ankunft des Papstes ein Haus, das „Haus des Papstes" genannt wurde und drei Stockwerke hatte, in sechs Wochen hatte errichten lassen und daß er ein anderes Haus, das „Jerusalem"[5] hieß, wiederherstellen ließ?

In diesen Tagen konsekrierte der Papst auf Bitten des Abtes Bertulf[6] die Kirche des hl. Eucharius und des Apostels Matthias zu Ehren des hl. Evangelisten Johannes. Es war dies am 13. Januar 1148. In demselben Monat, am 31. Januar, weihte der Papst die Kirche des hl. Paulinus[7].

Mitte März verließ Papst Eugen III. Trier und begab sich nach Reims, wo eine Synode stattfand. Da Albero nicht mehr reiten konnte, wurde er in einer aus einem Leinentuch hergestellten Sänfte zwischen zwei Pferden getragen. Auf dieser Synode saß Albero in der Rangordnung an erster Stelle vor allen anderen Bischö-

[3] Zelter ist ein auf Paßgang abgerichtetes Reitpferd mit Damensattel.
[4] Dabei mußte Albero wegen seiner Gicht das linke Bein über den Hals des Pferdes legen.
[5] Später Kurie Jerusalem, im Bering des Palais Walderdorff gelegen.
[6] 1136–1162.
[7] Es handelt sich nicht um die heutige Paulinuskirche, sondern um einen romanischen Bau, der 1674 von den Franzosen zerstört wurde.

Romanische Paulinuskirche

fen. Auch erreichte er, daß die Primatialrechte Triers über ganz Belgien, Gallien und Deutschland wiederhergestellt wurden.

Als dies bekannt wurde, wurde der Erzbischof von Reims von großer Unruhe erfaßt. Als seine Reisigen mit Soldaten des Trierer Erzbischofs Streit anfingen und Trierer Männer verletzten, drohte Albero, er werde sich nach Ivois[8] zurückziehen und von dort aus das Erzbistum Reims verwüsten. Doch schließlich kam ein Friede dadurch zustande, daß der Erzbischof von Reims und der Bischof von Soissons zu Albero kamen, um die Männer auszuliefern, die Alberos Reisige verletzt hatten[9].

[8] Heute Carignan, zwischen Sedan und Longwy gelegen. Der Ort gehörte zum Erzbistum Trier.
[9] Das Ganze war eine Neuauflage des alten Streites zwischen Trier und Reims um den Primat über Gallien.

16 Langjähriger Streit um den Trierer Bischofssitz

Im Jahre 1183, nach dem Tode Erzbischof Arnolds I. (1169–1183)[1], entstand in der Trierischen Kirche ein langjähriger Streit um die Wahl seines Nachfolgers. Denn am Vorabend der Beisetzung Arnolds waren die Domkapitulare mit der höheren Geistlichkeit zusammengekommen, um zu beratschlagen, wen man wählen sollte. Die Mehrheit war für den Dompropst Rudolf von Wied[2].

Aber in der folgenden Nacht wurde die Benennung rückgängig gemacht. Als man nämlich am nächsten Tag, nach der Beisetzung des Erzbischofs Arnold, zusammenkam, sagte der Trierer Archidiakon Folmar, die gestrige Benennung sei in dem Sinne erfolgt, daß derjenige, den die Mehrheit von Klerus und Volk[3] wünsche, den Trierer Bischofssitz besteigen sollte. Daraufhin bestand Werner von Bolanden[4] mit Zustimmung des Pfalzgrafen Konrad[5] darauf, den Streit dem Kaiser vorzutragen. Folmar dagegen drang auf eine sofortige Wahl mit dem Argument, nach dem Kirchenrecht dürfe ein Bischofssitz nicht längere Zeit unbesetzt bleiben. Da ihm viele widersprachen, einigte man sich darauf, die Entscheidung auf 3 Uhr nachmittags zu verschieben. Ein Glockenzeichen sollte sie alle wieder zusammenrufen. So ging man auseinander.

[1] Wie viele Erzbischöfe dieser Zeit kam er aus Lothringen. Er entstammte dem Geschlecht von Vallecourt bei Lunéville.

[2] Es wird sich um eine Vorwahl gehandelt haben, d.h. um die Aufstellung einer Kandidatenliste, der dann nach Trierer Brauch die petitio seitens des Klerus und Volkes folgen mußte, nämlich die Benennung eines Kandidaten. Dann erst erfolgte die electio – die eigentliche Wahl.

[3] Vom 3. bis zum 13. Jahrhundert wurden die Bischöfe von Klerus und Volk gewählt, wobei natürlich auch Papst und Kaiser mitsprachen.

[4] Werner von Bolanden, einem mächtigen Reichsministerialengeschlecht angehörig, war wahrscheinlich kaiserlicher Legat bei der Wahl.

[5] Bruder Kaiser Friedrich Barbarossas.

Folmar aber ging mit seinen Anhängern zu den Laien, die im „Claustrum"[6] versammelt waren. Neben Adligen, Ministerialen und Bürgern sprach sich vor allem der Herzog von Limburg für Folmar aus. Er forderte die Anwesenden auf, die schon Weggegangenen zurückzurufen. Diese, die sich schon zu weit entfernt oder zum Mittagessen niedergelassen hatten, ließen mitteilen, man solle sich, wie verabredet, um 3 Uhr treffen. Aber Folmars Anhänger gaben keine Ruhe, sondern kamen überein, Folmar zu wählen, obwohl viele Wahlberechtigte fehlten. So wurde Folmar weniger gewählt als zum Bischofsamte „geschleppt". Sie zogen mit ihm in den Dom und setzten ihn auf den bischöflichen Thron. Dann gingen sie nach Hause.

Um 3 Uhr kamen, wie verabredet, auf das Glockenzeichen hin die anderen mit dem Pfalzgrafen und Werner von Bolanden zusammen. Um eine Annullierung der Inthronisation Folmars zu erreichen, schickten sie eine Delegation zum Kaiser (Friedrich Barbarossa). Dieser lud die Parteien nach Konstanz vor. Dort erklärte er, daß er eine ihm genehme Persönlichkeit zur Wahl vorschlagen wolle, wenn die Trierer Parteien sich nicht einigen könnten. Er sei aber auch damit einverstanden, daß die Trierer in seiner Gegenwart selbst einen neuen Erzbischof wählten. Da Folmar voraussah, daß er unterliegen würde, verließen er und seine Anhänger Konstanz. Nunmehr wählte die Gegenpartei Rudolf von Wied zum Bischof, worauf der Kaiser ihm sofort die Investitur erteilte[7]. Dann kehrten sie nach Trier zurück. Als sie dort ankamen, hatten die Anhänger Folmars den Dom besetzt und die Türen geschlossen, die zudem von Reisigen bewacht wurden. Rudolf nahm deshalb in der Simeonskirche Besitz von seinem Erzbistum.

[6] J. Marx, Geschichte des Erzstifts Trier (Band IV, S. 25), denkt an den von einer Mauer umgebenen Dombering, Kentenich (Geschichte der Stadt Trier S. 151) an den Domfreihof. Der Autor ist der Meinung, daß auch der Domkreuzgang in Frage kommt.

[7] Das bei der politischen Bedeutung des Bischofsamtes auch kirchlich anerkannte Bestätigungsrecht des Kaisers wurde schon unter den Karolingern zur königlichen Ernennung. Dies zeigte sich darin, daß der König dem neuen Bischof die Investitur (Belehnung und Überreichung von Bischofsstab und Ring) erteilte. Erst das Wormser Konkordat von 1122, das dem jahrzehntelangen Investiturstreit zwischen Papst und Kaiser ein Ende bereitete, änderte dies. Der König verzichtete auf die Investitur mit Stab und Ring und gewährte der Kirche die freie kanonische Wahl der Bischöfe. Doch hatte der König das Recht, bei der Wahl selbst oder durch einen Vertreter zugegen zu sein. Nach der Wahl belehnte der König den gewählten Bischof durch Überreichung des Zepters mit den Regalien. Dann erst erfolgte die Bischofsweihe.

Der Streit war damit nicht beendet. Folmar begab sich nach Rom zu Papst Lucius III. (1181–1185), trug ihm sein Anliegen vor und erbat Gerechtigkeit vom Apostolischen Stuhl. Der Papst aber hatte mittlerweile Briefe von vielen Männern der Trierer Kirche erhalten und vernommen, daß Folmar mehr durch Anmaßung als durch kanonische Wahl den Thron bestiegen hatte. Lucius setzte einen Termin fest und berief auch die Gegner Folmars zu sich nach Rom. Als er über den Vorgang bei der Wahl Folmars in Kenntnis gesetzt worden war, hielt er es für richtig, sich mit dem Kaiser in Verbindung zu setzen, der schon auf dem Wege war, ihn in Verona zu treffen. Nachdem sie sich über das Verhältnis zwischen Papsttum und Kaisertum unterhalten hatten, kam auch die Trierer Frage zur Sprache. Der Kaiser bat den Papst, Rudolf von Wied zum Bischof zu weihen, zumal er ihm bereits die Investitur erteilt habe. In der Römischen Kurie aber wurde diese Angelegenheit von Tag zu Tag verschoben, bis schließlich dem Kaiser von einigen Kardinälen hinterbracht wurde, der Papst könne nicht zu einem endgültigen Votum kommen, da die Vertreter der beiden Trierer Parteien noch nicht gehört worden seien. So wurde die Entscheidung wieder einmal aufgeschoben.

Im Jahre 1186 kam König Heinrich, der Sohn des Kaisers[8], mit einer großen Heerschar nach Trier. Er verletzte die Immunität der Kleriker und die Freiheit der Bürger. Denn seine Soldaten und Schergen drangen in die Häuser der Anhänger Folmars ein und raubten den gesamten Besitz. Das Haus Folmars machten sie sogar dem Erdboden gleich. Empört über diese Eingriffe forderte der Papst den Kaiser auf, Folmar und seinen Anhängern die geraubte Habe zurückzugeben. Der Kaiser hingegen ließ dem Papst mitteilen: „Die Immunität sei den Klerikern zugestanden worden, damit sie fernab von weltlichen Angelegenheiten und dem Getriebe der Welt Gott in Demut . . . friedlich dienen sollen. Wenn sie aber, was Gottes ist, hintansetzen und sich anmaßen, was ihnen nicht zukommt, sollen sie sich ihrer Sonderrechte nicht mehr erfreuen, es sei denn, daß sie wieder zur Vernunft kommen.“ Da Trierer Kleriker Reichsrechte angetastet hätten, seien sie mit Recht von seinem Sohn Heinrich wie Reichsfeinde behandelt worden. Wenn aber sein Sohn ohne Mandat seines Hofes und der Fürsten gehandelt habe, müsse alles wieder in seinen früheren Zustand versetzt werden.

[8] Später als Kaiser Heinrich VI. (1190–1197).

Kurz darauf starb Papst Lucius. Ihm folgte Papst Urban III. (1185–1187), der vorher Bischof von Mailand war. Er rief die beiden Parteien nach Rom. Nachdem die Denkschriften Folmars und Rudolfs verlesen worden waren, verkündete der Papst am Tage vor Christi Himmelfahrt (17. 5. 1186) sein Urteil. Er tat dies in solcher Eile, daß Propst Rudolf keine Möglichkeit hatte, die Dinge neu zu bedenken. Es waren aber unter den Kardinälen einige, die vernünftiger waren und denen es gerechter schien, die Wahl beider Kandidaten zu kassieren und die Wahl der Kirche von Trier zurückzugeben oder aber die Entscheidung auf eine günstigere Zeit zu verschieben. Der Papst aber ging über ihren Rat hinweg und gab öffentlich bekannt, was er schon lange geplant hatte. Propst Rudolf wurde abgesetzt mit dem Argument, daß er vom Kaiser die Investitur[9] empfangen hätte[10]. Die Wahl Folmars zum Erzbischof bestätigte er, und er erteilte ihm auch sofort die Bischofsweihe (1. 6. 1186). Als der Kaiser dies erfuhr, verbarg er seinen Unmut hinter einem Lächeln. Seinem Sohn aber trug er auf, das dem Reich zugefügte Unrecht zu rächen.

Folmar beeilte sich inzwischen, nach Trier zu gelangen. Er legte sein Priestergewand ab und floh, als Knecht verkleidet, bei Nacht über gefahrvolle Berge, enge Wege und an den kaiserlichen Wachtposten vorbei, die überall die Wege und Straßen bewachten, von Italien nach Frankreich. Als er nach Toul kam, wurde er vom dortigen Bischof nicht empfangen. Er begab sich nun zum Bischof von Metz, der ihn mit großer Freude aufnahm und ihm als seinem Metropoliten Gehorsam leistete[11]. Als er sich einige Tage ausgeruht hatte, begab er sich nach St. Pierremont in der Grafschaft Bar. Diesen Platz machte er zu seinem Bischofssitz. Er enthob einige Trierer Prälaten ihrer Pfründen und exkommunizierte eine Reihe von Klerikern und Laien. Diese Maßnahmen traf er wider alle Gewohnheit ohne Takt und ohne Mitleid.

Es entstand nun in der Trierischen Kirche ein schwerer Zwist. Die Anhänger Folmars mieden Rudolf und seine Gefolgsleute. Die Anhänger Rudolfs aber wurden

[9] Siehe Anm. 7.

[10] Der Kaiser war also im Recht. Mitgesprochen haben bei der Haltung des Papstes dürfte die Tatsache, daß der Kaiser bei seiner Fehde mit der Stadt Mailand Verwandte des Papstes hatte einkerkern lassen.

[11] Die unterschiedliche Haltung der Touler und Metzer Bischöfe war darauf zurückzuführen, daß der eine zur päpstlichen, der andere zur kaiserlichen Partei gehörte.

Kaiser Friedrich I. (Barbarossa)

von den kaiserlichen Truppen beschützt, die sich in Trier aufhielten. Die Zwietracht breitete sich aus, da auf der einen Seite das geistliche Schwert (des Papstes), auf der anderen Seite das weltliche Schwert (des Kaisers) herrschte.

Gegen Ende des Jahres 1186 lud Friedrich Barbarossa die Fürsten nach Kaiserslautern ein; auch Propst Rudolf und seine Anhänger sollten dort erscheinen. Der Kaiser hielt eine Rede, in der er das ihm vom Papst zugefügte Unrecht und die Verwegenheit Folmars öffentlich rügte. Auf den Rat der Fürsten machte der Kaiser zwei Vorschläge: entweder solle Rudolf auf seinen Bischofssitz nach Trier zurückkehren oder aber mit der höheren Geistlichkeit und dem übrigen Klerus einen anderen zum Erzbischof wählen, der dann an seiner Stelle Erzbischof von Trier werden würde. Nach Beratung schien es den Trierern besser, die Herrschaft Rudolfs zu ertragen als gegen den Einspruch des Papstes einen anderen Bischof zu erzwingen. Sie kehrten mit Rudolf nach Trier zurück und ehrten und betrachteten ihn auch ohne Bischofsweihe als ihren Bischof.

Inzwischen bat Folmar Rom, einen päpstlichen Legaten zu entsenden, um seinem Anspruch ein größeres Gewicht zu verleihen. Dann rief er die höhere Geistlichkeit seines Erzbistums und die Suffraganbischöfe[12] von Metz, Toul und Verdun zu einer Synode nach Mouzon/Maas ein. Viele Prälaten und Kleriker der Suffraganbistümer und die meisten Pfarrer des Archidiakonats Longuyon[13] erschienen, angeführt vom Bischof von Metz. Die Bischöfe von Toul und Verdun kamen nicht. Ermutigt durch die Teilnahme so vieler Kleriker, exkommunizierte er einige Trierer Prälaten und Kleriker und suspendierte sie von ihren Ämtern und Pfründen. Er exkommunizierte auch die Bischöfe von Toul und Verdun; letzteren setzte er ab.

Kaiser Friedrich Barbarossa ergriff daraufhin Gegenmaßnahmen. Er veranlaßte Werner von Bolanden, den Metzer Bischof aus seinem Bistum zu vertreiben. Gleichzeitig bat er den König von Frankreich, Philipp II. Augustus (1180–1223), Folmar aus Frankreich auszuweisen. Folmar begab sich daraufhin nach England zum dortigen König Heinrich II. (1154–1189), der ihn ehrenvoll aufnahm. Er gab ihm das

[12] Die einem Erzbischof als Metropoliten unterstehenden Diözesen nennt man Suffraganbistümer. Mouzon an der Maas lag an der Grenze zwischen der Trierer und der Reimser Erzdiözese.
[13] Siehe Kapitel 13, Anm. 1.

Kloster St. Cosmas bei Tours zum Domizil[14] und gewährte ihm großzügig Gelder für seinen Lebensunterhalt.

Inzwischen war Papst Urban gestorben. Sein Nachfolger wurde Gregor VIII.[15]. Gedrängt vom Touler Bischof, der sich damals in Rom aufhielt, befahl der Papst Folmar, weder gegen Klerus und Volk des Trierer Erzbistums noch gegen Angehörige der Suffraganbistümer „die Pfeile seiner Urteilssprüche und Exkommunikationen zu schleudern" (30. 11. 1187).

In jenen Tagen (1187) geriet Jerusalem in die Hände der Sarazenen. Der Papst rief zu einem Kreuzzug auf, um das Heilige Land wieder zu befreien. Um den Kaiser für sein Unternehmen zu gewinnen, begann er, im Trierer Bischofsstreit nachzugeben. Bevor aber Entscheidendes geschehen war, starb er. Sein Nachfolger Clemens III. (1187–1191) führte das Vorhaben aus, indem er Verhandlungen mit König Heinrich[16] aufnahm. Zugleich sandte er als Legaten Kardinal Gottfried von Sancta Maria inviolata[17] zum König; er hatte den Auftrag, den Streit beizulegen. Er kam dann nach Trier, wo er die Angehörigen der Erzdiözese und der Suffraganbistümer von der Gehorsamspflicht Folmar gegenüber entband. Auch setzte er alle, die Folmar exkommuniziert hatte, wieder in ihre Rechte ein. Dann entzog er Folmar die Trierer Diözese; die Bischofswürde wurde ihm belassen. Was von den beiden, sei es von Folmar, sei es von Rudolf, während des Schismas verordnet worden war, erklärte er für ungültig. Dann räumte er der Trierer Kirche die freie Bischofswahl ein. Als die Trierer die Freiheit der Wahl erhalten hatten, wählten sie einstimmig auf Vorschlag König Heinrichs, der damals in Trier weilte, den Kanzler des kaiserlichen Hofes, Johann, zum Erzbischof von Trier. Nach Belehnung durch den Kaiser wurde er zum Bischof konsekriert. Er regierte als Johann I. von 1189 bis 1212[18].

[14] Diese Region unterstand damals dem englischen König.
[15] Regierte von Oktober bis Dezember 1187.
[16] Siehe Anm. 8.
[17] Titelkirche des Kardinals zu Rom.
[18] Zwiespältige Papst- und Bischofswahlen kamen im Mittelalter häufig vor. Ein solcher Streit wurde im wesentlichen innerhalb der höheren Geistlichkeit und dem weltlichen Adel ausgefochten. Sehr oft spielten auch politische Gegensätze zwischen Papst und Kaiser eine Rolle. Der mittelalterliche Mensch wurde von solchen Streitigkeiten nicht in seinem Glauben berührt, da er zwischen dem Papst als Person und dem Papsttum als Institution zu unterscheiden wußte. Das Gleiche gilt für den Bischof bzw. das Bischofsamt.

17 Ketzerverfolgungen

Im Jahre 1231 begann eine Ketzerverfolgung in ganz Deutschland, und es wurden während der folgenden drei Jahre viele Menschen dem Scheiterhaufen übergeben. Der Hauptanführer dieser Verfolgung war der Magister Konrad von Marburg, der durch seine Kreuzzugspredigten weithin bekannt war. Er schaltete sich in die Visitationen von Klerikern und Klöstern ein und bemühte sich, sie zur Regelbeobachtung und Askese anzuspornen[1]. Mit päpstlicher Vollmacht ausgestattet und von unbeugsamem Mut, vertrat er so leidenschaftlich seine Sache, daß er niemanden fürchtete; König und Bischof galten ihm soviel wie ein armer Laie. Mit ihm und seinen Mitarbeitern wirkten die Dominikaner in den einzelnen Städten zusammen[2]. Dabei waren sie so fanatisch, daß sie von keinem, der öffentlich angeklagt war, einen Entschuldigungsgrund oder einen Einspruch zuließen. Es gab keine Möglichkeit der Verteidigung und keine Bedenkzeit. Der Angeklagte mußte sich entweder schuldig bekennen und sich zur Buße kahl scheren lassen, oder er leugnete und wurde verbrannt. Wer so geschoren worden war, mußte Mitschuldige verraten, sonst wurde er dem Feuer übergeben. Darum ist zu vermuten, daß einige Menschen unschuldig verbrannt wurden.

[1] Im 13. Jahrhundert entstand eine Bewegung, deren Mitglieder sich einem frommen, opferwilligen Leben widmeten. Neben den Katharern (davon das Wort Ketzer) und Waldensern traten zahlreiche Sekten auf, deren Wesen durch mystische Gedanken und pantheistische Neigungen gekennzeichnet waren, die aber auch den Zusammenhang mit der asketischen Stimmung nicht verleugnen konnten. Der Kampf zwischen Papsttum und Kaisertum führte allmählich bei manchen Kreisen dazu, daß sie sich der Kirche entfremdeten.

[2] Papst Gregor IX. ernannte im Jahre 1231 einige Dominikaner zu besonderen Inquisitoren, die Ketzer aufspüren sollten. Ihr Anführer Konrad von Marburg war allerdings kein Dominikaner, sondern wahrscheinlich Prämonstratenser.

Auch das Trierer Bistum wurde von dieser Pest nicht verschont. In der Stadt Trier selbst bestanden drei häretische Sekten; eine ihrer Anhängerinnen, eine Frau namens Lucardis, wurde verbrannt. Man hatte geglaubt, sie führe einen heiligen Lebenswandel. Doch bejammerte sie mit großem Klagegeschrei den Luzifer, weil er zu Unrecht aus dem Himmel verstoßen worden sei. Durch ihr Weinen wollte sie dieses vermeintliche Unrecht rückgängig machen, damit Luzifer wieder in den Himmel komme.

Es gab Anhänger von Sekten, die, in der Heiligen Schrift bewandert, die Bibel ins Deutsche übersetzten[3]. Andere wiederholten den Taufakt[4]. Wiederum andere glaubten nicht mehr an den Leib des Herrn in der geweihten Hostie; sie behaupteten, das Sakrament des Altars (das Meßopfer) könne nicht von schlechten Priestern vollzogen werden; andere hingegen sagten, dies könne sowohl von Männern als auch von Frauen, mit und ohne Priesterweihe, mit Becher oder Kelch vollzogen werden. Die Firmung und die Krankensalbung hielten sie für überflüssig, und auch die Hierarchie, das Papst- und Priestertum mit dem Ordensstand wollten sie abschaffen. Andere leugneten den Nutzen der Fürbitten der Kirche für die Verstorbenen oder nahmen ihre eigenen Mütter zur Ehefrau, nachdem sie sich vom Ehehindernis der Blutsverwandtschaft mit 18 Denaren freigekauft hatten. Es gab Sekten, deren Anhänger die männlichen und weiblichen Geschlechtsteile küßten[5] oder noch Schlimmeres taten. Andere wollten keinen Unterschied mehr zwischen Werk- und Sonn- bzw. Feiertagen machen, sondern an allen Tagen arbeiten. Auch aßen sie am Karfreitag Fleisch. Dies möge an Angaben über die verschiedenen Irrlehren genügen. Wir haben nicht alle aufgezählt, sondern nur die wichtigsten genannt.

[3] Die Kirche war lange Zeit der Meinung, daß gewisse Stellen der Bibel auf manche Menschen schädlich wirken könnten. Daraus entstand der Grundsatz, daß das Lesen der Bibel durch Laien nur unter der Aufsicht der Geistlichen gestattet wäre. Das Konzil von Toulouse (1229), das das erste Bibelverbot aussprach, galt als Rechtsquelle der Inquisition. Deutschen Übersetzungen stand man besonders mißtrauisch gegenüber, da sie nach Ansicht der Kirche viele Übersetzungsfehler und inhaltliche Irrtümer enthielten.

[4] Man denke an die Wiedertäuferbewegung im 16. Jahrhundert und an heutige Sekten, die diesen Brauch fortführen.

[5] Hier ergeben sich Bezüge zu den Templerprozessen, in denen die Templer ähnlicher unsittlicher Bräuche bezichtigt wurden.

Wegen dieser Irrlehren hielt Erzbischof Theodorich von Wied (1212–1242) eine Synode in Trier ab, in der er erklärte, die Ketzer hätten auch einen Bischof, den sie nach ihm Theodorich genannt hätten. Desgleichen hätten sie einen eigenen Papst, den sie nach dem wahren Oberhirten der Kirche Gregor genannt hätten. Wenn man die Ketzer frage, welchem Glauben sie anhingen, so würden diese antworten: dem gleichen wie unser Papst und unser Bischof.

Auf dieser Synode wurden drei Ketzer vorgeführt, von denen zwei freigesprochen wurden, der dritte wurde verurteilt und hingerichtet[6].

[6] Der Trierer Erzbischof gehörte zu den wenigen, die sich für ein Zurückdrängen der Ketzerverfolgung einsetzten.

Ketzer, Gottlose und Sünder erwartet die Hölle

18 Zwist und Hader zwischen Erzbischof Heinrich II. und der Abtei St. Matthias

Nach dem Tode Erzbischof Arnolds II. (1242–1259) wurden in zwiespältiger Wahl von den Wahlberechtigten Arnold von Schleiden und Heinrich von Bolanden gewählt. Beide waren Archidiakone der Trierischen Kirche. Da das Stimmenverhältnis bei der Wahl ziemlich ausgeglichen war und keiner von beiden zum Verzicht bereit war, wurde der Wahlvorgang Papst Alexander IV. (1254–1261) vorgelegt. Zur Vertretung seiner Interessen reiste Heinrich von Bolanden selbst nach Rom, während Arnold von Schleiden Bevollmächtigte schickte. Da beide Parteien starrköpfig blieben, glaubte Papst Alexander, daß die so bedeutende Trierer Kirche, die die Mutterkirche Deutschlands sei, wegen des Fehlens eines Oberhirten in große Gefahr geraten könne. Und so erklärte er auf den Rat seiner Kardinäle und Rechtsgelehrten die Wahl beider, Heinrichs und Arnolds, für null und nichtig.

Zur gleichen Zeit befand sich auch der Domdekan von Metz, Heinrich von Finstingen, in Rom[1]. Er verstand es, sich mit beiden Parteien anzufreunden, wobei er auch deren Barausgaben und sonstigen finanziellen Verpflichtungen übernahm. Da er auch viele Kardinäle für sich gewann, wurde er am 20. August 1260 vom Papst zum Erzbischof von Trier ernannt. Heinrich zog daraufhin, zusammen mit dem Abt von St. Matthias, nach Trier, wo er mit allen Ehren aufgenommen wurde. Als nun der Archidiakon Arnold sah, daß der Abt von St. Matthias mit dem neuen Erzbischof zurückkehrte, schöpfte er Verdacht, daß durch den Abt seine eigene Kandidatur annulliert worden sei. Und als er später der Hauptberater Heinrichs II. wurde, sann er mit allen Kräften danach, am Abt Rache zu nehmen. In diesem Sinne beeinflußte er auch den neuen Erzbischof.

Zwei Jahre nach seiner Wahl zog Heinrich II. mit einer großen Schar Bewaffneter nach Straßburg, um dem dortigen Bischof bei einer Fehde beizustehen. Als er auf

1) Heute: Fénétrange/Lothringen.

dem Rückmarsch nach Krettnach und Obermennig kam, machte er in den dort liegenden Gütern der Abtei St. Matthias für eine Nacht Quartier. Nachdem sie die vorhandenen Lebensmittel aufgebraucht hatten, brachen die Mannen Heinrichs mit seiner Genehmigung in die umliegenden Höfe der Abtei ein, sprengten die Tore auf, raubten das Vieh, und alles, was sie vorfanden, schafften sie fort. Und nicht einmal damit waren die Satansknechte zufrieden: zwei Klosterhöfe, Kockelsberg[2] und Irsch[3], steckten sie in Brand, so daß der Rauch sich bis zur Abtei ausbreitete. Als nun die Mönche sahen, daß ihre Güter auf solche Weise vernichtet wurden, gaben sie die Hoffnung auf, sie könnten im Kloster selbst verschont bleiben. In großer Angst nahmen sie Zuflucht beim Kapitel der Hohen Domkirche und baten die Domkapitulare, nicht zu dulden, daß Hab und Gut der Abtei vernichtet würden. Die Domkapitulare erbarmten sich ihrer. Sie erhoben gegen Erzbischof Heinrich schwere Vorwürfe; dieser aber behauptete, an diesen Ausschreitungen unschuldig zu sein.
In Wirklichkeit war er zornig über den Abt von St. Matthias, weil er glaubte, daß auf dessen Bitten der Apostolische Stuhl eine Untersuchung gegen ihn eingeleitet habe. So ersuchte er die Prioren der anderen Trierer Benediktinerabteien[4], sie möchten Prior und Konvent von St. Matthias dazu bringen, sich vom Gehorsam gegen ihren Abt loszusagen und einen anderen, den er ihnen schicken werde, als Abt anzuerkennen. Der Mattheiser Konvent aber lehnte diesen Vorschlag mannhaft ab.

Versuche, durch Gespräche beim Domkapitel diese Dinge zu bereinigen, führten zu nichts. Im Gegenteil: Als am 7. Mai 1263 der Prior von St. Matthias mit einigen älteren Mönchen von einer Besprechung im Refektorium des Domes zur Abtei zurückkehrte, überfielen Spießgesellen des Bischofs ihn auf offener Straße und warfen ihn vom Pferde. Obwohl der Prior ein Greis war, mißhandelten sie ihn vor allem

[2] Untergegangener Hof am Rande des Mattheiser Waldes. Der Kockelsberger Hof lag etwas südlich des heutigen Hofgebäudes von Mariahof. An ihn erinnern die Flurnamen „Kockelshof" und „Kockelsberger Wiese".
[3] In der Nähe des heutigen Südbades gelegen. Siehe E. Zenzen, die Straßennamen der Stadt Trier. Trier 1984, Stichwort „Am Irscher Hof".
[4] Außer den Benediktinerabteien St. Maximin und St. Matthias gab es noch die Abteien St. Marien und St. Martin.

Volk mit Knüppeln und Fäusten auf unmenschliche Weise. Als dies Trierer Bürger sahen, ergriffen Männer wie auch Frauen einen aus der Zahl der Übeltäter, verprügelten ihn schwer mit Knüppeln und Steinen und ließen ihn halbtot liegen. So wurde der Prior aus den Händen der Übeltäter befreit, war aber wegen der ihm zugefügten Mißhandlungen einige Zeit schwer krank.

Nach diesem Vorfall wollte der Abt aus Furcht, seinem Kloster könnten vom Erzbischof wegen seiner Anwesenheit noch mehr Schwierigkeiten gemacht werden, nicht mehr in St. Matthias bleiben. Er begab sich nach Lothringen, dessen Herzog ihn ehrenvoll aufnahm.

Als Erzbischof Heinrich davon erfuhr, freute er sich und schickte dem Prior einen Erlaß, worin er den Mönchen befahl, innerhalb der Pfingstoktav einen neuen Abt zu wählen.

Über diesen Befehl waren Prior und Konvent von St. Matthias sehr bestürzt. Nachdem sie sich beraten hatten, gingen Prior und Konvent zum Erzbischof und baten ihn, den Erlaß über die Wahl eines neuen Abtes zurückzunehmen. Da der Erzbischof dies ablehnte, berieten sich die Mattheiser Mönche mit rechtskundigen Männern und verfaßten eine Appellation an den Heiligen Stuhl.

Als der Prior und die Mönche in St. Matthias ankamen, sahen sie ihr Hab und Gut, das sich außerhalb der Klostermauern befand, verwüstet. Dazu kam das Gerücht, daß der Erzbischof ihnen einen Mönch der Abtei St. Maximin anstelle ihres Abtes vorsetzen wolle.

Angesichts dieser Situation wählte der Konvent sechs Mönche, die Maßnahmen zur Aufbewahrung ihrer Bücher, Kostbarkeiten und Reliquien treffen und sie an geheimer Stelle so verstecken sollten, daß man sie nicht finden könne.

In der Nacht aber, als die Mönche schliefen, überstiegen vier Mönche in verräterischer Absicht die Friedhofsmauer und begaben sich zur Abtei St. Maximin, wo sie Wilhelm von Meisenburg mitteilten, daß der Mattheiser Konvent sich bemühe, die Reliquien des Apostels Matthias aus dem Kloster weg- und anderswo hinzubringen. Die Mönche der Abtei St. Maximin zogen darauf mit ihren Mannen und Knechten nach St. Matthias, dessen Kloster sie so umzingelten, wie es bei der Belagerung einer Stadt oder einer Burg zu geschehen pflegt.

Der Konvent von St. Matthias hatte inzwischen beschlossen, am folgenden Tage den Schrein seines Patrons (St. Matthias) sowie die Bücher und die sonstigen Schätze der Abtei zur Hohen Domkirche zu bringen, um sie zu retten. Als die Mönche am nächsten Tage in die Stadt Trier einzogen, kam ihnen eine ungeheure Menge von Männern und Frauen entgegen, die laut über den jammervollen Auszug der Mönche klagten. So gelangte die Prozession bis zur Domkirche; der Schrein und die anderen Kostbarkeiten wurden an der Stelle niedergelegt, wo auch der hl. Nagel des Herrn und die anderen Reliquien des Domes geborgen waren. Dann zogen die Mönche in ihr Kloster zurück.

Inzwischen kam ein Bote des Apostolischen Stuhles nach Trier, der Erzbischof Heinrichs Vorgehen gegen die Abtei St. Matthias rügte und zugleich forderte, daß der nach Lothringen geflüchtete Abt wieder in sein Amt eingesetzt würde.

Heinrich II. kümmerte sich indessen nicht um dieses päpstliche Edikt. Am 18. Juni 1263 zog er in Begleitung Wilhelms von Meisenburg und fast des gesamten Konventes von St. Maximin nach St. Matthias. Um den Einzug des Erzbischofs zu ermöglichen, machten seine Bewaffneten einen Angriff, stürmten vor, drangen in die Türen der Türme ein und stiegen ins Kloster und auf die Türme. So wie Burgen und Städte gewöhnlich gesichert und besetzt werden, so sicherten die Bewaffneten die Abtei und nahmen sie in Besitz. Der Erzbischof aber setzte Wilhelm von Meisenburg auf den Thron des Abtes. Als Heinrich II. nunmehr die Mattheiser Mönche zusammenrufen ließ, verließen diese ihr Kloster, ausgenommen vier Überläufer.

Während die Mönche sich an andere Plätze begaben, ließ sich Wilhelm von Meisenburg mit seinen Komplizen in der Abtei nieder. Sie stöberten alles Eigentum des Klosters auf: so die Keller mit bestem Wein, die Kornspeicher voll von Getreide und die übrigen Lebensmittelvorräte. An den Orten, die für den Gottesdienst bestimmt waren, tanzten sie und betrachteten sie als Bordell und Theater. Auch andere Schandtaten wurden von ihnen verübt.

Eines Tages lud Wilhelm von Meisenburg seine Schwester, Oberin des St. Irminenklosters, mit Nonnen dieser Abtei ein; er empfing sie mit großem Aufwand. Als sie den ganzen Tag mit Gelagen und Tänzen verbracht hatten und sich schon die Dunkelheit bemerkbar machte, als fast alle infolge der Völlerei todmüde waren, ent-

Erzbischof Heinrich von Finstingen

stand durch irgendeine Fügung in dem Gebäude, in dem sie sich niedergelassen hatten, ein Brand, so daß das Abteigebäude fast bis auf die Grundmauern abgebrannt wäre, hätte nicht Gottes Erbarmen eingegriffen.

Inzwischen war ein neues Schreiben des Apostolischen Stuhles eingegangen, das die päpstlichen Untersuchungsrichter ermächtigte, das Verfahren gegen Erzbischof Heinrich II. fortzusetzen. Über dieses Schreiben ergrimmt, verbot dieser, bei Strafe der Exkommunikation, den Bürgern der Stadt, den Mattheiser Mönchen in irgendeiner Weise zu helfen.

Als der Apostolische Stuhl aber hart blieb, befahl Heinrich II. Wilhelm von Meisenburg, die Abtei St. Matthias wieder freizugeben und in die Abtei St. Maximin zurückzukehren. Da Wilhelm und seine Helfershelfer möglichst viel mitnehmen wollten, erbrachen sie den Opferstock hinter dem Grabmal des hl. Matthias und raubten den gesamten Inhalt. Die großen Kerzen, die vor dem Grabmal standen, zerbrachen sie und stellten dafür gefärbte Holzpfähle auf.

Dies erbitterte die Geistlichkeit und das Volk der Stadt. Die Bürger versammelten sich und griffen zu den Waffen. Als Wilhelm dies erfuhr, ließ er alle kostbaren Schätze der Abtei und auch den Schrein des hl. Matthias[5] auf die Burgen Meisenburg[6] und Falkenstein an der Our bringen.

Heinrich II. hingegen hatte längst erkannt, daß seine Bemühungen erfolglos gewesen waren. So empfing er den Konvent von St. Matthias, bekannte, daß er ihm Unrecht getan habe, und versprach, daß die Mönche mit ihrem Abt Theoderich in ihre Abtei zurückkehren könnten.

So zogen die Mönche, begleitet von hohen Geistlichen, aber auch rechtskundigen Männern, die die Schäden, die der Abtei zugefügt worden waren, schätzen sollten, wieder nach St. Matthias. Als sie ihr Kloster betraten, fanden sie es wie einen Schweinestall besudelt; alle Lebensmittel waren verbraucht und die wertvollen Schätze weggeschafft.

[5] Widerspricht der Aussage im gleichen Kapitel, wonach die Reliquien des hl. Matthias in der Domkirche in Sicherheit gebracht worden seien.
[6] Stammsitz des luxemburgischen Edelherrengeschlechts von Meisenburg.

Kurz darauf kehrte auch der nach Lothringen geflüchtete Abt in seine Abtei zurück. Er wurde von allen freudig begrüßt und als Abt wieder eingesetzt. Ihm gelang es auch, die Schätze und Kostbarkeiten von Wilhelm von Meisenburg zurückzubekommen. Nur die Reliquientafel mit dem Kreuzreliquiar[7] behielt er; er wollte sie benutzen, um vom Abt Theoderich eine Lebensrente zu erzwingen. Aber auf Befehl des Grafen von Luxemburg mußte der Burgherr von Falkenstein auch dieses Reliquiar der Abtei zurückgeben.

Wissenswert ist auch die Tatsache, daß alle Ritter und Kriegsknechte, die an der Besetzung des Klosters St. Matthias beteiligt gewesen waren, eines elenden Todes starben. Auch Wilhelm von Meisenburg geriet, als er sah, daß Erzbischof Heinrich sich mit Abt Theoderich ausgesöhnt hatte, außer sich und verfiel in große Traurigkeit. Sagt doch schon Salomon: „Ein fröhlich Herz macht das Leben freudig, aber ein betrübter Mut vertrocknet das Gebein." Da Wilhelm sich betrogen fühlte, so vertrockneten seine Gebeine in quälender Trauer und Verbitterung. Und so beendete er bald seine Lebenstage, obwohl er noch jung an Jahren war. Beigesetzt wurde er bei seinen verstorbenen Ordensbrüdern auf dem Friedhof von St. Maximin[8].

[7] Ritter Heinrich von Ulmen schenkte nach der Inschrift im Jahre 1207 diese Kreuzpartikel der Abtei St. Matthias, die diese in eine Tafel fassen ließ. Näheres: Kirchl. Denkmäler der Stadt Trier, S. 255.

[8] Es handelt sich hier um eine Tendenz- und Streitschrift, verfaßt von dem Mattheiser Mönch Heinrich, die zweifellos an manchen Stellen übertrieben bzw. falsch ist. Trotzdem ist die Niederschrift von hohem Wert. So gestattet uns der Bericht einen Einblick in die Art und Weise, wie damals innerkirchliche Auseinandersetzungen geführt wurden. Sie sind typisch für die Situation der damaligen Zeit. Die Periode des Interregnums (Zeit ohne anerkannten König) war ein günstiger Boden für eine so kräftige Gestalt wie Heinrich. Da in dieser kaiserlosen Zeit auch die Päpste nur wenige Jahre regierten (Heinrich hatte es während seines Episkopats mit 10 Päpsten zu tun), fehlten die mäßigenden Gewalten, so daß man sich über Heinrichs Überheblichkeit nicht zu wundern braucht. Schließlich ist aus dem Bericht die uralte Rivalität zwischen den Abteien St. Maximin und St. Matthias erkennbar.

19 Fehde zwischen dem Grafen von Luxemburg und der Stadt Trier

Graf Heinrich von Luxemburg[1] hatte begonnen, auf einer Moselinsel bei Grevenmacher ein Kastell zu errichten[2]. Er postierte dort Zöllner und Räuber, die unterschiedslos Ordensleute und Pilger, Kaufleute und andere Leute, die auf der Mosel fuhren, ohne Furcht vor Gott und ohne Mitleid ausplünderten[3]. Dieses Unrecht konnten die Trierer Bürger nicht länger ertragen. Sie griffen das im Bau befindliche Kastell, dieses Teufelswerk, in einem kühnen Handstreich mit Feuer und Brand an und ließen keinen Stein und keinen Balken auf dem anderen. Dieses Vorgehen reizte den Grafen von Luxemburg aufs äußerste. Aber was mit Recht für ein Gottesgeschenk gehalten wurde, war dies: Der Herr bewahrte die Trierer davor, durch Vergießen feindlichen Blutes schuldig zu werden. Indessen verwüsteten sie viele Höfe, Flecken und Häuser in der Grafschaft Luxemburg durch Feuer, brachten viel Beute heim und hielten ziemlich viele Luxemburger als Gefangene in Trierer Gefängnissen.

Wegen dieser Taten der Trierer drang Graf Heinrich von Luxemburg am 21. Juli 1300 mit einer auserlesenen Streitmacht und einer ungeheuren Menge Bewaffneter in das Trierer Talbecken ein in der Meinung, er könne die Trierer Bürgerschaft mit Gewalt oder List unterjochen. Er schlug sein Lager in der Nähe des Fleckens Euren auf, der nicht weit von Trier entfernt liegt. Häuser und Höfe steckte er in Brand; alles zerstörte er. Die Feldfrüchte ließ er zerstampfen und die Obstbäume und Weinstöcke abhauen.

[1] Der spätere deutsche König und römische Kaiser Heinrich VII.
[2] Diese Insel besteht nicht mehr.
[3] Wahrscheinlich wollte der Graf hier eine Zollstation errichten, die natürlich dem Trierer Handel Schaden zugefügt hätte.

Die Trierer Bürger zogen nicht zum Kampf ins offene Feld hinaus, sondern hielten, so gut sie konnten, die Wegekreuzungen jenseits der Brücke[4] besetzt. Der Graf aber zog sich, weil er nicht weiter vorrücken konnte, zurück und überquerte bei Merzlich (Karthaus) die Mosel, wobei einige seiner Leute ertranken. Von hier aus zog er in die Nähe des Fleckens, der Konz heißt. Alles in der Umgebung plünderte und verwüstete er. Den (der Stadt Trier gehörenden) Turm oberhalb der Konzer Brücke[5] riß er nieder. Dann rückte er langsam näher an die Stadt heran. Sein Lager schlug er auf einem Feld in der Nähe von Heiligkreuz auf. Wiederum wütete er grausam, indem er die Obstbäume abhauen ließ. Das Dorf Heiligkreuz und die Kelterhäuser in der Umgebung und am Olewiger Bachufer in der Nähe des Neubergs[6] ließ er durch Feuer zerstören.

Aber am 12. Tage nach seiner Ankunft bei Heiligkreuz (1. August), als er beabsichtigte, mit dem Wüten gegen Unschuldige fortzufahren, duldete der Herr, der alles lenkt, nicht mehr die Heimsuchung seiner Heiligen: In der Dunkelheit der folgenden Nacht, als alles in stiller Ruhe lag und die Nacht schon halb vorbei war, da entstand im Heere des Grafen ein schwerer Streit. Alle stürzten zu den Waffen, und in heftigen Kämpfen hieben sie sich gegenseitig nieder. Nicht wenige wurden zu Boden geschlagen und verwundet; die übrigen, dadurch erschreckt, brachen auf der Stelle das Lager ab. Denn der hl. Matthias und die heiligen Trierer Märtyrer kämpften unsichtbar gegen des Grafen Heer. Daraufhin zogen sich die Luxemburger, noch ganz verstört, auf schnellstem Wege zurück. Nirgends aber hinterließen sie Spuren einer bewaffneten Heerschar, es sei denn, daß sie gegen Obstbäume, Weinstöcke, Pflanzen und gefühllose Gegenstände Krieg führten.

Die Trierer Bürger spürten kaum diese Untaten, aber die Armen in Christo[7] und die Geistlichkeit trugen an diesen Schandtaten schwer[8]. Sonst aber waren die Stadt

[4] Die heutige Römerbrücke.
[5] Die Trierer militärische und wirtschaftliche Bannmeile der Stadt reichte bis Konz.
[6] Weinberg zwischen Sickingenstraße und der Olewiger Brücke.
[7] Die Insassen der Klöster.
[8] Bei den Verwüstungen scheint es sich hauptsächlich um kirchlichen Besitz gehandelt zu haben, wie auch eindeutig ist, daß der Chronist ein Kleriker war.

König (später Kaiser) Heinrich VII. hält Gericht

Trier und ihre Bürger nicht so geschwächt, daß sie sich ohne Gegenwehr von irgendjemandem Fußtritte versetzen ließen. Aber es erlitt großes Leid die am Boden liegende Trierer Mutterkirche (der Dom), die 72 Pfarreien mit all ihrem Besitz dem Grafen von Luxemburg anvertraut hatte[9]. Jetzt aber erhob er sich gegen die Kirche und brachte ihr nicht mehr die schuldige Ehrerbietung dar[10].

[9] Der größte Teil Luxemburgs gehörte zum Erzbistum Trier.

[10] Die Stadt Trier zog aus dieser Fehde Konsequenzen. Sie fühlte, daß sie auf Dauer dem Grafen von Luxemburg unterlegen war. So schloß sie am 2. 4. 1302 mit dem Grafen Frieden und machte ihn zugleich zum Edelbürger und Schirmherrn der Stadt.

20 Balduin von Luxemburg wird Erzbischof und Kurfürst von Trier

Als Erzbischof Diether von Nassau (1300–1307) am 23. November 1307 unerwartet starb, hinterließ er sein Erzbistum in ziemlicher Unordnung. Es war stark verschuldet; das Kirchengut war verschleudert und verpfändet. Klerus und Volk seufzten aus tiefstem Herzen und riefen mit dem Propheten: „Du lässest mich auffressen wie Schafe und mich umsonst verkaufen und zerstreuest mich vielfach durch Verpfändung."

Gott aber erhörte die Klagen der Trierischen Kirche nach kurzer Zeit durch ein wohlwollendes Geschenk. Denn im Jahre 1307, am 7. Dezember, wurde – das Domkapitel war vereint zur Wahl des künftigen Bischofs, und alle Berufenen waren geladen – von der Mehrheit des Domkapitels der ehrwürdige Herr Balduin von Luxemburg, Propst und Kanonikus an der Hohen Domkirche zu Trier[1], damals noch Student an der Pariser Universität, 22 Jahre alt[2], zur großen Freude von Klerus und Volk mit Gottes Hilfe feierlich zum Erzbischof von Trier postuliert[3]. Anschließend

[1] Balduin entstammte dem Geschlechte derer von Limburg (im Tal der Wester zwischen Aachen und Lüttich gelegen). Durch dynastische Erbfolgestreitigkeiten, an denen die Herzogtümer Brabant und Limburg und die Grafschaften Berg und Luxemburg beteiligt waren, kam es 1288 zur Schlacht bei Worringen (heute Stadtteil von Köln), in der Brabant, u.a. unterstützt von Jülich und Berg, über Kurköln, Geldern, Luxemburg und Nassau siegte. Diese Schlacht bedeutete das Ende der Vormachtstellung Kölns am Niederrhein. Für Luxemburg, dessen Herrscher (Balduins Vater) in dieser Schlacht fiel, bedeutete sie die Abwendung seiner Ausdehnungsbestrebungen am Niederrhein und die Hinwendung zur Reichspolitik.

[2] Balduin war 1285 zu Luxemburg geboren. Beim Tode des Vaters war er drei Jahre alt.

[3] Postulation, eine bei der Besetzung eines Kirchenamtes vorkommende Vorstufe der Wahl. Wenn eine sonst geeignete Person wegen eines Hindernisses, von dem Dispens möglich war, nicht gewählt werden konnte, richteten die Wähler an den Papst die Bitte, die Dispens zu erteilen. Balduin benötigte eine solche, weil er noch nicht das für die Priester- und Bischofsweihe notwendige kanonische Alter erreicht hatte.

sang die Geistlichkeit den Jubelgesang: „Großer Gott, wir loben Dich." Glockengeläute setzte ein, und das Volk lief in Scharen zusammen. So konnte die Kirche mit dem Psalmisten singen: „Du zogest mir das Bußkleid aus und hast mich mit Freude gegürtet."

Die Postulation Balduins wurde durch Boten zu Papst Clemens V. (1305–1314) gebracht, der sich damals in Poitiers aufhielt. Sie wurde vom Papst gebilligt, nachdem er eine Untersuchung über die Person und den Lebenswandel des Postulierten angestellt hatte. Was die (kanonische) Minderjährigkeit[4] anging, so gab der Papst für sich, aber auch im Namen der Kardinäle, denen er vorsaß, seine Zustimmung. Er verkündete dies öffentlich; gleichzeitig forderte er Balduin auf, nach Poitiers zu kommen.

Als dieser mit seinen Brüdern in Poitiers angekommen war, ließ der Papst ihn am 10. März 1308 durch einen Kardinal in der Kirche von Poitiers zum Priester weihen. Am folgenden Tage konsekrierte er ihn selbst zum Bischof. Nachdem am päpstlichen Hofe einige Feierlichkeiten stattgefunden hatten, verabschiedete sich Balduin mit seinen Brüdern vom Papst und kehrte darauf in sein Land (Luxemburg) zurück.

Am hochheiligen Pfingstfest (2. Juni 1308) zog Balduin im Glanz des Friedens und der Eintracht in Trier ein[5] mit einem großen Gefolge vornehmer und edler Begleiter wie ein Bräutigam, der seine Braut besucht. Sie alle geleiteten ihn in feierlicher Prozession in den Dom.

In Anwesenheit seiner Mutter, seiner Brüder und Schwestern und vieler hervorragender Männer feierte er am gleichen Tage hier ein Pontifikalamt. Anschließend gab er ein glänzendes und kostspieliges Fest. Von den Edelleuten und Lehnsmannen nahm er die gebührenden Treugelöbnisse entgegen, gleichzeitig bestätigte er den Lehnsmannen die ihnen verliehenen Lehen. Alle Schulden seines Vorgängers löste er ein, indem er für das verschleuderte Gut der Kirche und ihre Verpflichtungen aufkam. Als tüchtiger Mann brachte er alles in den rechtmäßigen Besitz der Kirche zurück.

[4] Zur Priesterweihe war die Vollendung des 24. Lebensjahres, für die Bischofsweihe das vollendete 30. Lebensjahr vorgeschrieben.
[5] Dabei zog die Geistlichkeit ihm mit dem Stab des hl. Petrus entgegen.

Kurfürst Balduin von Luxemburg

Balduin schätzte Gerechtigkeit und Frieden und führte einen tadellosen Lebenswandel. Im Essen und Trinken war er äußerst mäßig. Er beachtete die gebotenen Festtage, betete viel, lebte keusch, feierte fast jeden Tag die heilige Messe, verbrachte seine Zeit meistens allein und hatte nie Zeit für unpassendes Nichtstun, da er wußte, daß das Nichtstun dem Laster dient. Mit hochgestellten Persönlichkeiten verkehrte er mit aller Pracht, mit Leuten des niederen Adels und den Bürgern bescheiden, aber mit keinem seiner Untergebenen vertraulich. Sein Auftreten entsprach der Würde seines Amtes. Er vertrat die Anliegen der Armen und zeigte sich nur selten bei eitlen Vergnügungen und Lustbarkeiten. Die Prozesse und Streitigkeiten seiner Untertanen wußte er zu schlichten oder klug zu entscheiden. Doch in der Zeit seiner Jugend, die dem Frohsinn zugeneigt ist, sprach er ganz privat und persönlich mit seinen Rittern, Kaplänen, Kämmerern und Junkern wie der geringste von ihnen. „Hängen wir die bischöfliche Würde an die Wand", so sprach er, und er war dann einmal über-, ein andermal unterlegen. Er war der heiterste Gefährte beim Sprung und leichtfüßig beim Lauf. Er warf den Stein weiter als die anderen, denn er übertraf sie an Körperkräften.

Als Kurfürst gehörte er zu den mächtigsten Männern seiner Zeit. Als Bruder Kaiser Heinrichs VII. (1308–1313) und Großonkel Kaiser Karls IV. (1347–1378) wie als kluger Staatsmann beeinflußte er die Politik jener Zeit wie kein zweiter. Tüchtig als Landesherr, der jahrelang auch das Erzbistum Mainz und die Bistümer Worms und Speyer verwaltete, verfocht er die Rechte des Reiches, aber auch die der Kurfürsten gegen Frankreich und das Papsttum. Er starb am 21. Januar 1354[6].

[6] Er war 46 Jahre lang Erzbischof und Kurfürst von Trier.

21 Die Manderscheidsche Fehde

Nach dem Tode des Erzbischofs Otto von Ziegenhain (1418–1430) traf das Trierer Domkapitel, das in zwei Parteien gespalten war, am 27. Februar 1430 eine Doppelwahl. Die Mehrheit wählte nach kanonischem Recht Jacob von Sierck, Apostolischer Notar[1], Kanonikus und Scholaster[2] am Trierer Dom und Propst von Würzburg. Die Minderheit aber gab ihre Stimme dem Domdechanten der Kölner Kirche, Ulrich von Manderscheid, einem durch Tugend und Rechtschaffenheit ausgezeichneten Mann.

Durch diese Doppelwahl entstand ein heftiger und langwieriger Streit, der der Trierer Kirche und dem Trierer Land großen Schaden zufügte. Denn der Graf von Manderscheid bemächtigte sich mit Hilfe einiger Grafen und aller Ritter, die von ihm abhängig waren, einer Reihe von Besitztümern, Städten, Burgen und Kastellen. Er erlangte auch die Huldigung und den Treueid der Untertanen. Jacob von Sierck, der weniger Macht besaß, war deshalb gezwungen, die Hilfe des Papstes anzurufen.

So begaben sich die beiden Gewählten nach Rom, um ihre Position zu vertreten[3]. Nachdem Papst Martin V. (1417–1431) sie angehört und auch Zeugen vernommen hatte, bestätigte er keinen von beiden. Jacob von Sierck fügte sich und gab seinen Verzicht zugunsten Ulrichs von Manderscheid bekannt[4].

[1] Heute päpstlicher Ehrentitel.

[2] Eine der 10 Dignitäten, die das Trierer Domkapitel hatte. Seine eigentliche Aufgabe verlor der Domscholaster mit dem Aufkommen der Universitäten.

[3] Jacob von Sierck war begleitet von Bischof Konrad von Metz und zwei Mitkanonikern. Ulrich hatte Rupprecht von Virneburg bei sich.

[4] Jacob von Sierck behielt seine Pläne dennoch im Auge. Deshalb hielt er sich noch längere Zeit in Rom auf. Auch ordnete der Papst am 7. 7. 1430 an, daß Jacob an den Einkünften des Trierer Erzbistums als Entschädigung für seinen Verzicht partizipieren sollte.

Der Papst aber ernannte – ich weiß nicht warum – einen Dritten zum Erzbischof von Trier, den Bischof von Speyer, Raban von Helmstätt, einen klugen, aber greisen und grauhaarigen Mann (22. 5. 1430). Dieser hätte, wie man glaubt, diese schwere Bürde niemals auf sich genommen, wenn er nicht durch das Drängen des Herzogs von Bayern[5] dazu gebracht worden wäre. Der Ehrgeiz des alten Mannes und die Habgier, das Laster des Greisenalters, blieben Sieger.

Als Raban die päpstliche Bestätigung erhalten hatte, reiste er im Jahre 1434 zu Kaiser Sigismund (1410–1437), der sich damals zu Regensburg aufhielt. Er wurde dort mit den Regalien bekleidet und erhielt die Bestätigung aller Privilegien der Trierischen Kirche.

Doch darum kümmerten sich die meisten Trierer Domkapitulare nicht, im Gegenteil: sie wählten, gegen die päpstliche Ordination aufbegehrend, von neuem Ulrich von Manderscheid zu ihrem Bischof. Da Ulrich dieses Amt auch ausübte, verhängte der Papst über das Trierer Erzbistum das Interdikt[6], das ungefähr vier Jahre in Kraft war. Daraus erwuchs großes Übel. Die apostolischen Weisungen des Papstes erachteten die Trierer Domkapitulare für nichts, und sie waren bereit, alle Widerwärtigkeiten zu erdulden. Denn sie verachteten Raban als einen kindischen, alten Mann. Sie zwangen die Geistlichen, trotz des Interdikts, Gottesdienste abzuhalten. Priester, die dies ablehnten, wurden vertrieben und verbannt.

Es kam also zu einer Fehde zwischen Ulrich von Manderscheid und Raban. Der eine wurde von dem Herzog von Heidelberg[7], der andere vom Landgrafen von Hessen unterstützt.

Die Stadt Trier hatte am 25. Oktober 1430 Ulrich von Manderscheid 500 rheinische Gulden gegeben, was praktisch die Anerkennung durch die Stadt Trier bedeutete. Am 11. Mai 1431 forderte daraufhin Papst Eugen IV. (1431–1447) die Stadt Trier auf, Raban anzuerkennen und Ulrich Widerstand zu leisten. Die Bürgerschaft war uneinig: Domkapitel und Schöffen waren für Ulrich, während die Zünfte sich für Raban aussprachen. Daraufhin wurde am 11. April 1432 von Raban der Bann über die Stadt

[5] Zugleich Kurfürst von der Pfalz.
[6] Verbot, Gottesdienste abzuhalten.
[7] Wiederum ist der Kurfürst von der Pfalz gemeint.

Kurfürst Jacob von Sierck

Trier verhängt. Dies benutzten die Zünfte, um die Schöffenherrschaft in der Stadt zu brechen, die ihre Tätigkeit einstellen mußten. An der Stelle eines Schöffenmeisters traten fortan zwei Bürgermeister an die Spitze der Stadtverwaltung.

Weil die Trierer Bürger Ulrichs Anspruch auf den Trierer Bischofssitz nicht anerkannt hatten, betrachtete dieser Trier als Feind. So eröffnete er Anfang 1433 die Feindseligkeiten gegen die Stadt. Bewaffnete Heerhaufen bedrängten Trier und die Umgebung schwer. Kurz vor Ostern begann er, die Stadt zu belagern. Er sperrte auch den Verkehr auf der Mosel, so daß der Bürgerschaft keine Lebensmittel zugeführt werden konnten. Überall auf den Wegen hatte er Schleudermaschinen aufgestellt, mit denen er, allerdings vergeblich, die Stadt beschoß. Obwohl Ulrich sich der Hilfe des Herzogs von Heidelberg versichert hatte, vermochte er nicht, die Stadt einzunehmen. Enttäuscht zog Ulrich Anfang Juli 1433 ab.

So konnte Raban am 27. Juli endlich in seine Hauptstadt einziehen, um die Huldigung der Bürger entgegenzunehmen. Am 2. August verließ er Trier wieder.

Daraufhin erschien Ulrich am 18. August 1433 erneut vor den Toren der Stadt, um sich ihrer zu bemächtigen. Acht Tage lang beschoß er die Stadt vom Deimelberg aus, jedoch „hat Got es also gefuget, daß kein Mensch noch Vieh zu derselben Zeit binnen der Stadt verletzt ward, ausgenommen ein Hund“. So mußte Ulrich die Belagerung wiederum abbrechen und abziehen.

Als schließlich sowohl Raban als auch Ulrich die Mittel zum Kriegführen ausgingen, wurde der Streit den Bischöfen von Köln, Mainz, Worms und dem Herzog von Bayern unterbreitet. Sie erreichten, daß beide Parteien am 7. Dezember 1433 ihren Rechtsanspruch in ihre Hände legten. Am 15. Mai 1434 erfolgte die Verkündigung des Urteils, das Raban als rechtmäßigen Erzbischof anerkannte. Wenige Tage später, am 21. Mai, verlieh der Kaiser Raban die Regalien. Über Ulrich sprach er am 7. August 1434 die Reichsacht aus.

Dieser reiste daraufhin, wohl in der Hoffnung, den Papst noch für sich zu gewinnen, nach Rom, doch starb er unterwegs in Zürich (1438). Auch Raban zog sich gänzlich zurück. Nach Festsetzung eines Jahresgeldes verzichtete er mit Zustimmung des Papstes zugunsten Jacobs von Sierck auf den Trierer Bischofssitz[8].

[8] Der Chronist läßt erkennen, daß er ein Gegner Rabans war.

22 Der Fürstentag in Trier

Am 28. September 1473 zog Kaiser Friedrich III. (1440–1493) in Trier ein. In seinem Gefolge befanden sich Kurfürsten, Fürsten, Bischöfe, Grafen, Gesandte und sein Sohn Maximilian[1]. Der Kaiser begab sich zu einem „Te Deum“ in den Dom und dann in die bischöfliche Residenz, wo er Wohnung nahm. Am 30. September traf auch Herzog Karl der Kühne von Burgund (1467–1477) mit 3000 schweren Panzerreitern, 5000 leichten Reitern und 6000 Kriegsknechten in Trier ein. Der Herzog bezog Quartier in der Abtei St. Maximin, deren Schutzherr er war.

Nachdem Kaiser und Herzog sich mehrere Male getroffen hatten, lud Karl der Kühne den Kaiser mit seiner Begleitung zu einem Fürstenmahl ein. Der Kaiser kam am 7. Oktober nach St. Maximin. Er war in ein kostbares, goldverbrämtes, dunkelbraunes Gewand gekleidet; auf der Brust trug er ein goldenes Kreuz. Am Tor von St. Maximin begrüßte ihn der burgundische Herzog. Er war bekleidet mit einem goldenen Gewand, das mit Edelsteinen und Perlen bestickt war und einen Wert von 100000 Dukaten hatte. Nach einem Turnier-Schaukampf zwischen sechs Rittern betraten die Fürsten mit ihrem Gefolge die Abteikirche.

Der Altar dieser Kirche strahlte im prächtigen Festschmuck. Auf fünf Podesten standen die 12 Apostelstatuen aus Silber, ferner vier Leuchter, zwei vergoldet, zwei aus Silber, ferner vier Engel aus Gold, jeder eine Elle groß. Auch befand sich dort ein goldener Schrein mit Reliquien der heiligen Eremiten Paulus und Antonius. Weiter waren dort zu sehen: eine mannshohe goldene Lilie mit kostbaren Edelsteinen, einer von den vier Kreuzesnägeln Christi und ein Partikel vom Holze eben dieses Kreuzes. Während des Hochamtes sang und musizierte die burgundische Hofkapelle.

[1] Der spätere Kaiser Maximilian I. (1493–1519).

Herzog Karl der Kühne von Burgund

Nach der Messe betraten die Fürsten das Refektorium des Konventes von St. Maximin. Dort war eine Anrichte aufgestellt, die 10 Platten in Form von Stufen hatte. Dort war der burgundische Hausrat aufgestellt: kostbare Tafelgeschirre und Gefäße, die meisten aus Gold, 70 Trinkbecher, 100 Schüsseln, mit Edelsteinen geschmückt, sechs Auftragplatten, 12 Becken zum Waschen der Hände, sechs goldgefaßte Einhornzähne, versilberte Tragekörbe und sechs Krüge. Davor standen im Refektorium drei prächtig geschmückte Tische. Alles Geschirr war aus Silber, wie auch jeder Gast einen silbernen Becher hatte. Die Wände des Refektoriums waren mit Tapisserien geschmückt.

Insgesamt wurde an 18 Tafeln gespeist. Am ersten Tisch am oberen Ende saß Kaiser Friedrich III.; neben ihm hatten die Bischöfe von Trier, Mainz, Lüttich und Maastricht Platz genommen. Zur Linken saßen Herzog Karl von Burgund, der großzügige Gastgeber dieses Mahls, Herzog Maximilian von Österreich und die Herzöge Stephan und Ludwig von Bayern.

Insgesamt wurden 42 Speisen angeboten. Allein beim ersten Gericht waren es dreizehn. Als die Speisen aufgetragen wurden, schritten den Trägern der Speiseplatten 10 Trompeter, vier Flötenspieler und zwei Posaunenbläser voran.

Nach dem Mahl, das volle vier Stunden dauerte, wurden dreißig Schalen mit gezukkerten Früchten hereingetragen. Der Gastgeber, der Herzog von Burgund, hatte 600 Männer in seinem unmittelbaren Gefolge, die alle gold- oder silberbesetzte Kleider trugen[2].

[2] Der Chronist war von diesem Fest derart berauscht, daß er die politische Bedeutung dieses Treffens, auf das damals ganz Europa schaute, zu erwähnen vergaß: Themen wie Gemeinsamkeit in der Ostpolitik durch Krieg gegen die Türken, der Friede mit Frankreich, die Belehnung des burgundischen Herzogs mit dem Herzogtum Geldern, die Fehde mit dem Pfalzgrafen, die Hoffnung des Herzogs auf Verleihung des Königstitels durch den Kaiser und die Vermählung des Kaisersohnes Maximilian mit des Herzogs Tochter Maria von Burgund, um nur die wichtigsten zu nennen. Es gab noch Turniere, eine feierliche Huldigung Karls vor dem Kaiser auf dem Markt und tagelange Verhandlungen. Karl verlangte Lothringen, Geldern, Utrecht, Toul, Verdun und Savoyen zur Arrondierung seines Herzogtums. Der Kaiser wollte die Königskrone als Reichslehen bewilligen, aber die Gebietsforderungen, auf die es Karl vor allem ankam, lehnte er ab. Am 23. November wurde das Schlußkommuniqué verfaßt, das eine Vertagung aller anstehenden Fragen zum Inhalt hatte. Am 25. November verließen beide Fürsten Trier, wobei der Kaiser vergaß, die durch ihn entstandenen Unkosten zu begleichen.

23 Die Fehde mit Franz von Sickingen

Während der Regierungszeit des Erzbischofs und Kurfürsten Richard von Greiffenklau (1511–1531) hatte sich der Reichsritter Franz von Sickingen (1481–1523), unterstützt von einer großen Schar adliger und fehdelüsterner Männer, verschworen, den Thron des Trierer Kurfürsten selbst zu besteigen und die Hauptstadt des Kurfürstentums zu erobern. Er war von so großem Selbstvertrauen erfüllt, daß er die noch nicht erworbene Beute bereits unter seinen Gefolgsleuten verteilt hatte. Auch glaubte er, durch die Stärke seiner Reisigen unbesiegbar zu sein und die Stadt Trier und das Kurfürstentum vernichten zu können.

Damit die Trierer keine Zeit hätten, sich zu bewaffnen, fiel er ohne Kriegserklärung im Spätsommer des Jahres 1522 in das Trierische Land ein. Nachdem er die Stadt St. Wendel mit Geschützfeuer in Trümmer gelegt und am 3. September eingenommen und die Männer, die an der Spitze dieser Stadt standen, als Gefangene weggeführt hatte, kam er innerhalb von vier Tagen, am 8. September, vor die Tore Triers. Der Magistrat der Stadt war durch diese unerwartete Bedrohung gänzlich verwirrt. Die Waffentüchtigkeit der Bürger war durch eine lange Zeit der Ruhe erschlafft. Aber Kurfürst Richard von Greiffenklau war selbst mit 300 Reisigen nach Trier gekommen, um den Oberbefehl und die Leitung der Verteidigung der Stadt zu übernehmen. Auf seine Kriegsschar und die Bürger der Stadt Trier verließ er sich, als Franz von Sickingen am 9. September begann, die Stadt Trier mit seinen Geschützen zu beschießen. Der Erzbischof ermutigte die Bürgerschaft, kümmerte sich selbst um die Aufstellung der Wachtposten und unterzog sich mutig allen Pflichten und Aufgaben eines Regenten[1]. Da Sickingen sein Ziel nicht erreichte, gab er am 14. September 1522 die Belagerung Triers auf.

[1] Näheres über die Belagerung Triers durch Franz von Sickingen siehe E. Zenz, Chronik der Stadt Trier, Trier 1985, S. 63 ff.

Der Trierer Kurfürst verband sich nun mit dem Pfalzgrafen[2] und mit dem Landgrafen von Hessen gegen Franz von Sickingen. Sie beschlossen, zunächst die Burg Landstuhl zu belagern, weil Sickingen sich dort aufhielt.

Am 29. April 1523 kamen die drei Fürsten mit stattlichen Kriegsscharen dort an. Noch an demselben Tage begannen sie, die Burg zu beschießen. Innerhalb von acht Tagen gelang es ihnen, die Burg Landstuhl in ihren Mauern zu erschüttern und sie in Trümmer zu legen. Viele von den Verteidigern, darunter Franz von Sickingen, hatten schwere Wunden erlitten. Dieser sandte deshalb einen Brief an die Fürsten, in dem er um ein Gespräch bat. Diese aber beschlossen, Franz neben allen Adligen und Rittern nach Kriegsrecht als Gefangenen zu betrachten. Die übrigen Landsknechte sollten ohne Waffen abziehen dürfen. Die Burg Landstuhl aber sollte mit allem Zubehör Eigentum der drei Fürsten werden.

Als Sickingens Kriegsknechte abgezogen waren, betraten die drei Fürsten am 7. Mai 1523 die Burg und gingen in ein finsteres Gemach, in dem Franz lag. Vor Entkräftung war er schon seines Augenlichtes beraubt, und der Todeskampf hatte bereits eingesetzt, als sein Lehnsherr, der Landgraf von Hessen, zu ihm trat. Er sprach: „Franz, wie konnte es so weit mit Dir kommen? Bist Du durch ein Geschoß verwundet?" Darauf antwortete Franz: „Ich glaube, ich bin tödlich verletzt durch ein Geschoß und durch herabstürzende Balken." Als nun ein Edelmann des Kurfürsten von der Pfalz zu ihm hintrat und ihn darauf hinwies, daß der Pfalzgraf vor ihm stehe, sagte Franz von Sickingen: „Mein gnädiger Herr. Zu alledem habe ich nichts zu bemerken. Jedenfalls habe ich geglaubt, mein Feldzug werde einen anderen Ausgang nehmen." Da trat auch Kurfürst Richard von Greiffenklau zu ihm und sprach: „Franz, aus welchem Grund hast Du mich und mein Volk schädigen wollen?" Sickingen antwortete: „Dazu gäbe es viel zu sagen. Jedenfalls ist es nicht ohne Grund geschehen."

In diesem Augenblick sahen die Fürsten, daß Franz von Sickingens Schmerzen sehr groß waren und daß der Haudegen bald sterben werde. Sie entfernten sich, um mit ihren Ratgebern zu besprechen, was mit den Gefangenen geschehen solle. Wäh-

[2] Kurfürst Ludwig von der Pfalz.

renddessen legte Franz, noch bevor ein Priester mit dem allerheiligsten Sakrament kommen konnte, eine Beichte ab und hauchte dann seine Seele aus. Nunmehr teilte dieser Priester den Fürsten Franz von Sickingens Tod mit, und er bat alle, zum Seelenheil des Verstorbenen das Vaterunser zu beten, was sie auch bereitwilligst taten[3].

[3] Franz von Sickingen gehörte zur Schicht des im Niedergang befindlichen Rittertums und wollte zunächst durch Privatfehden sich eine politische Stellung verschaffen. Durch Hutten, einen Freund der Reformation (doch beichtete er!), glaubte er, das geistliche Kurfürstentum Trier beseitigen zu können, wohl um selbst Fürst des trierischen Territoriums zu werden. Dabei übersah er, daß die Fürsten, unabhängig von ihrer Konfessionszugehörigkeit, einig in ihrer Haltung gegenüber dem Rittertum waren.

Franz von Sickingen

24 Der Rübenkrieg

Markgraf Albrecht Alcibiades von Brandenburg-Kulmbach (1522–1557) hatte als Bundesgenosse des Kurfürsten Moritz von Sachsen und König Heinrichs II. von Frankreich mit seinen Kriegshorden Raubzüge in die Gegenden am Rhein unternommen. Unter religiösem Vorwand verwüstete er die geistlichen Fürstentümer und bedrohte auch das Kurfürstentum Trier. So war der Trierer Kurfürst Johann V. von Isenburg[1] (1547–1556) gezwungen, das Trienter Konzil[2] zu verlassen und in sein Kurfürstentum Trier zurückzukehren.

Das Jahr 1522 brachte Trauer für die Trierer, für Kirche und alle Katholiken. Denn der Markgraf hatte mit einer Kriegsschar von 8000 Mann Frankfurt belagert und dann sein Lager nach Mainz verlegt. Die Untertanen des Erzstifts Mainz hatte er dazu gebracht, ihm den Treueid zu leisten. Nachdem er weltliche und kirchliche Güter geplündert hatte, wollte er auch das Kurfürstentum Köln mit Krieg überziehen, wenn nicht die Festung Ehrenbreitstein[3] ihn gehindert, ihm den Weg verlegt und Erzbischof Johann ihm den Durchzug verweigert hätte (15. März 1552). Da Albrecht keine Chance hatte, Ehrenbreitstein zu erobern, rückte er mit 3000 Reitern und etwa 7300 Mann Fußvolk über den Hunsrück nach Trier vor. Er dachte daran, dem französischen König seine Dienste anzubieten.

Als die Trierer am 27. August 1552 seine Vorhut auf der Pauliner Flur erblickten, gingen die Ratsherren zu Albrecht und überreichten ihm die Schlüssel der Stadt[4], was

[1] Seit 1534 Archidiakon von Longuyon.

[2] Das Trienter Konzil (1545–1563) war nach der Reformation das katholische Reformkonzil.

[3] Die Absicht, Ehrenbreitstein zu besetzen, ging auf einen Wunsch des französischen Königs zurück.

[4] Der Stadt blieb keine andere Wahl, da die vom Kurfürsten getroffenen Maßnahmen ungenügend waren. Trier hatte dem Kurfürsten das Nahen des Feindes bereits am 17. 8. 1552 gemeldet; dieser schaltete den Kaiser ein. Am 21. 8. kam ein Luxemburger Delegierter im Auftrag des Kaisers nach Trier, besichtigte die Stadtmauern und erklärte, die Stadt sei nicht zu verteidigen. Da also keine Hilfe zu erwarten war, hielt der Rat es für das beste, die Schlüssel auszuhändigen, um Schlimmeres zu verhüten.

sie bisher noch nicht einmal ihrem Landesherrn gegenüber getan hatten, und führten ihn mit großem Pomp in die Stadt. Der gesamte Klerus war geflohen. Albrecht versicherte, daß er dessen Feind, jedoch ein Freund der Bürger sei. Um seine Aussage zu beweisen, äscherte er die Abtei St. Maximin und dann das Stift St. Paulin ein. Die Häuser der Stiftsherren brannte er ebenso nieder wie die Abtei St. Marien[5]. In Pfalzel konnte sich die kleine Besatzung, die der Kurfürst dorthin geschickt hatte, nicht behaupten. Erschreckt durch ein Flammenmeer, waren die kurtrierischen Soldaten gezwungen, von den Mauern zu springen und zu fliehen. Die Abtei St. Matthias wurde aller Güter beraubt; von dem Kirchturm wurden die 12 Glocken herabgeworfen und weggeschleppt. Dann zerstörten sie Fenster, Bänke und das Chorgestühl der Kirche. Die Türbeschläge, Riegel und Türschlösser wurden an Trierer Bürger verkauft.

Zur Abtei St. Marien, deren Mönche in Trier geblieben waren, begab sich der Markgraf selbst. Dort setzte ihm der Ökonom des Klosters, Peter Malburg, den besten Wein vor, den er hatte, und stellte die Abtei unter seine Obhut mit der Bitte, von einer Einäscherung Abstand zu nehmen. Als der Markgraf den Wein gekostet hatte, ließ er ein Faß von etwa vier Ohm[6] auf seinen Wagen laden und auf die Klosterpforte sein Siegel drücken. Auf diese Weise verbot er seinen Kriegsknechten den Zutritt zur Abtei und bewahrte sie vor Brand und Plünderung.

Die Stadt verschonte er. Auch ist es bemerkenswert, daß er nach so vielen Plünderungen und Verwüstungen von Kirchen und Gebäuden die Bleidächer des Domes und von St. Simeon verschonte. Andererseits schickte er Kriegsknechte nach Saarburg[7], um die dortige Burg zu verwüsten und in Brand zu setzen. Die meisten Kirchen, die damals eingeäschert wurden, sind in früherem Glanze wieder entstanden, ausgenommen einzig die Kapelle St. Remigius[8], die dem Kloster St. Maximin

[5] Die Reihenfolge ist falsch angegeben, ein Zeichen, daß der Chronist die Besetzung Triers nicht selbst miterlebte, sondern seinen Bericht aufgrund von Zeugenaussagen abfaßte. Am 10. 9. 1552 waren die Kirchen St. Paulin und St. Maximin ihrer Glocken beraubt worden. Am 23. September eroberte der Markgraf Pfalzel, am 24. September Saarburg, während die Klöster St. Marien, St. Maximin, die Paulinuskirche und die Stiftshäuser erst am 25. September eingeäschert wurden.

[6] Etwa 600 Liter.

[7] Siehe Anm. 5.

[8] Sie lag in der Gegend der heutigen Jugendherberge in der Zurmaienerstraße.

Markgraf Albrecht Alcibiades von Brandenburg

gehört hatte. Die meisten Glocken aber fehlten, wie auch die Wohnung und Burg des Erzbischofs verödet liegen blieb: ein ewiges Mahnmal der verübten Greuel.

Trotz dieser bedrängten Lage gaben sich die Ratsherren den Vergnügungen hin. Eines Tages waren sie, wie gewohnt, in dem geheizten Raum der Steipe versammelt. Nun brauchte der Markgraf Verpflegung für seine Leute. Er begab sich zum Markt, um den Ratsherren seine Forderung vorzutragen. Als er deren Lärm hörte (sie waren gerade beim Würfelspiel), packte ihn der Zorn. Er schoß mit seiner Pistole eine Kugel durch das Fenster des erwähnten geheizten Raumes, die im Deckengebälk stecken blieb. Darob erschrocken, kamen die beiden Bürgermeister heraus und wiesen dem Markgrafen den Proviant an. Dieser schimpfte die Ratsherren dennoch aus, weil sie sich in einer solchen Situation der Stadt dem Spiel hingäben. Zu dessen Gedächtnis ließen die Ratsherren und die Steipengesellschaft[9] das Wappen des Markgrafen auf die Einschußstelle malen, und dort ist es heute noch zu sehen. Fürwahr ein Beweis für Fürsorge und Behördeneifer! Wie sie von ihren Vorfahren gelernt hatten, so arbeiteten diese Männer derart für Haus und Herd, daß sie es nötig hatten, sich beim Würfelspiel und beim Trunk zu erholen. Weil die Kriegsscharen unter den schon reifen Rüben in der Umgebung der Stadt eine große Verheerung angerichtet hatten, nannte man diesen Krieg „Rübenkrieg“.

Schließlich zog der Markgraf mit seinen Truppen aus der Stadt (27. September 1552) in die benachbarten luxemburgischen Gaue und Dörfer sowie gegen die Festung Metz. So machte er dem Kaiser Platz, der in Trier über den Krieg gegen Frankreich[10] und die Belagerung von Metz beriet. Kaiser Karl V. (1519–1556) ließ eine Besatzung in der Stadt Trier zu deren Schutz zurück[11], nahm aber auch eine Anzahl städ-

[9] Eine Art Kasino, dem die Ratsherren, die Schöffen und die angesehenen Bürger der Stadt angehörten.

[10] 1552–1556 Krieg gegen Frankreich wegen Metz, Toul und Verdun, die Frankreich sich 1552 angeeignet hatte.

[11] Wohl weniger zum Schutz der Stadt Trier als vielmehr zur Rückendeckung des deutschen Heeres vor Metz.

-tischer Geschütze mit und brach Mitte Oktober 1552 zur Belagerung von Metz auf – ein Zeitpunkt, den viele für ungünstig hielten[12].

Von der Last der Mühen zerbrochen und von Krankheiten geschwächt, konnte Kurfürst Johann V. trotz seiner berechtigten Empörung sich nicht zur Bestrafung seiner stadttrierischen Untertanen aufraffen, die dem Feind so bereitwillig die Schlüssel der Stadttore ausgehändigt hatten[13].

[12] In der Tat mußte die Belagerung bereits am 2. 1. 1533 aufgehoben werden.

[13] Ein kaiserlicher Gesandter erschien am 31. 10. 1553 in Trier, um zu überprüfen, warum die Stadt ohne Gegenwehr dem Markgrafen übergeben worden sei. Die Untersuchung wurde fallengelassen, als sich herausstellte, daß bei der Übergabe der Stadt ein kaiserlicher Rat mitgewirkt hatte.
Der Bericht ist tendenziös. Der Chronist war Parteigänger des Kurfürsten und Gegner der Stadt Trier. Deshalb auch seine ironische Bemerkung zum Vorfall in der Steipe. Zum Gesamten: Siehe E. Zenz, Der Trierer Rübenkrieg. In: Neues Trierer Jahrbuch 1988, S. 75–82.

25 Der Reformationsversuch

Als Kaiser Ferdinand I. (1556–1564) zum 1. Januar 1559 einen Reichstag nach Augsburg einberief und der Trierer Kurfürst Johann VI. (1556–1567) mit den übrigen Kurfürsten dort weilte, und als die abtrünnigen Protestanten hofften, es werde im Reich allen Menschen erlaubt sein, sich frei einer Glaubensrichtung anzuschließen, da begannen auch die Trierer, durch das Wirken Caspar Olevians der neuen Lehre zu erliegen, indem sie den Beschlüssen des Reichstags vorgreifen wollten[1]. Caspar Olevian war der Sohn eines Trierer Bäckers. Er war am 10. August 1536 in einem Haus geboren, das den Namen Witlich trug. Kurfürst Johann VII. von Schönenberg (1581–1599) erwarb später dieses Haus für das weltliche Gericht. Es lag in der Gasse am Markt, die „Am Graben" genannt wird. Der erwähnte Bäcker ließ alle seine Söhne, deren er acht gezeugt hatte, studieren, bis sie alle die Doktorwürde verschiedener Fakultäten erlangt hatten. Von seinen Söhnen hatte sich Caspar in Heidelberg und Genf dem Studium der Theologie gewidmet. Mag er nun vom Rat der Stadt hierher geholt[2] oder aus eigenem Impuls gekommen sein, jedenfalls gewann er seine verwitwete Mutter mitsamt der ganzen Familie für seine Irrlehre. Die Nachbarn wurden zu heimlich stattfindenden Belehrungen eingeladen, und innerhalb weniger Tage wurde ein großer Teil der Einwohner, darunter vor al-

[1] Der Chronist irrt. Die Trierer, die der neuen Lehre anhingen, beriefen sich auf den Augsburger Religionsfrieden vom Jahre 1555. In ihm wurde die Augsburger Konfession reichsrechtlich neben der katholischen anerkannt. Die Fürsten hatten zu entscheiden, welche Konfession ihre Untertanen anzunehmen hatten. Bei den Reichsstädten entschied der Rat. Die Trierer Protestanten, die sich nach der Augsburger Konfession „Confessionisten" nannten, leiteten ihre Forderung nach freier Ausübung ihrer Lehre von der Anerkennung Triers als Reichsstadt ab.

[2] Am 26. 6. 1559 hatte Olevian den Rat gebeten, in der Burse (Haus in der Dietrichstraße) Vorlesungen halten zu dürfen.

lem die Zunft der Wollenweber, verführt[3]. Und schon bald bekannte jeder öffentlich, was er im geheimen[4] gelernt hatte. Der Stadtrat, dieser neuen Lehre zugeneigt, stellte die Kirche des St.-Jacobs-Spitals[5] zur Verfügung. Dorthin wurde der neue Doktor von einer Schar bewaffneter Bürger geleitet, in feierlichem Zuge, und es kamen nicht nur die Weber, sondern auch andere Handwerker und vornehme Ratsherren hinzu[6].

Der Trierer Kurfürst war abwesend und hatte von diesen Vorkommnissen keine Kenntnis. Der Rat aber neigte zu Unruhe und Aufsässigkeit. Die Domgeistlichkeit wurde geschmäht, die Pfarrer wurden im Stich gelassen, und so konnte Caspar Olevian hoffen, die Macht in der Stadt zu ergreifen.

Eines Tages nun, als eine große Menschenmenge in der Spitalskirche Olevian erwartete, um seine Predigt zu hören, kam ihm ein katholischer Priester zuvor. Mit glühendem Eifer bestieg er die Kanzel. Als ihn aber die in der Kirche versammelte Menschenmenge sah, griffen sie ihn mit Schemeln an, so daß er gezwungen war, schleunigst zu fliehen. Bei diesem Tumult taten sich vor allem die Familie Steuß[7], Otto von Sehl, der Ratsherr Coppenstein, der Schöffe Pruck und andere hervor, denen die Hefe der Bevölkerung anhing.

Sobald der Kurfürst von den Ereignissen in Trier erfuhr, kehrte er in Gewaltritten in sein Erzstift zurück, raffte möglichst viele Truppen zusammen und kam mit seinen berittenen Lehnsmannen in Trier eher an als die Nachricht von seinem Kommen. Als am 16. September in der Frühe die Stadttore geöffnet wurden, drang er,

[3] Neben den Webern waren es vor allem die Schneider und Schmiede, die mehrheitlich oder ganz auf seiten Olevians standen. Die anderen Zünfte sprachen sich mehrheitlich gegen Olevian aus.

[4] Von Geheimzusammenkünften ist nichts bekannt.

[5] Die Verwaltung des St. Jakobs-Spitals lag in den Händen der Stadt Trier. So konnte der Magistrat auch über dessen Kirche verfügen. Teile dieser Kirche sind noch bei der Firma Kaschenbach in Trier, Fleischstraße, zu sehen.

[6] Das Haupt der Trierer Confessionisten war der Bürgermeister Steuß, der am 21.8.1559 vom Kurfürsten unter Berufung auf den Reichstagsabschied von 1555 (Augsburger Friede) verlangte, daß die Trierer sich frei zur Augsburger Konfession bekennen dürften. Falls der Kurfürst dies nicht erlaube, werde er an den Kaiser und an die Reichsstände appellieren.

[7] Siehe Anm. 6.

von einer Schar Bewaffneter umgeben, in die Stadt ein, besetzte den Marktplatz und verteilte seine Leute gefechtsbereit über die ganze Stadt[8].

Da befielen Angst und Schrecken den Verkünder der neuen Lehre (Olevian) und seine Anhänger. Unter dem Klang der Posaunen und dem Dröhnen der Pauken gab der Kurfürst ein Edikt bekannt[9], worin er bei Strafe an Gut und Leben alle bis zum Sonnenuntergang aus der Stadt verbanne, die sich nicht zum römisch-katholischen, apostolischen Glauben bekennen würden. Ziemlich viele Leute verließen die Stadt, darunter auch solche aus den führenden Schichten[10]. Das unkriegerische Volk aber legte Spieße und Schwerter nieder und erwies der Tonsur[11] und dem Rosenkranz wieder seinen Respekt[12].

Da es dem Kurfürsten genügte, daß er die Unruhe in der Bevölkerung ohne Blutvergießen beseitigt und die Stadt vor der Häresie bewahrt hatte, und da er auch keine Maßnahmen gegen die Mitglieder des Rates, die Parteigänger des evangelischen Glaubens gewesen waren, ergriff, so war die Bürgerschaft noch nicht vollständig von der neuen Lehre gesäubert, bis in den Jahren 1583 und 1584 Erzbischof Johann VII. ihre restlichen Anhänger in Acht und Bann tat, ihre Häuser versiegelte und so alle zwang, die Stadt zu verlassen.

[8] Der Chronist verschweigt, daß es nach Ankunft des Kurfürsten in der Stadt zu großen Unruhen kam. Katholische und confessionistische Bürger liefen Tag und Nacht bewaffnet umher. Die Confessionisten sperrten auf Anordnung des Bürgermeistes Steuß die Straßenzugänge zum Dom und zum Kurfürstlichen Palast mit Ketten und bewachten sie, weil ihnen ein Überfall von kurfürstlichen Truppen möglich schien.

[9] Am 2.10. erklärte der Kurfürst, Trier sei nicht reichsunmittelbar. Gleichzeitig ließ er, der sich selbst nach Pfalzel begeben hatte, die Mosel und alle Wege nach Trier sperren, so daß keine Zufuhr von Lebensmitteln mehr möglich war. Am 25.10. kapitulierte die Stadt. Am 26.10. zog der Kurfürst mit 600 Landsknechten und 200 Reisigen in die Stadt ein. Anschließend begann das Verfahren gegen die Anführer der Confessionisten.

[10] Hier sind die wirtschaftlich führenden Schichten Triers gemeint, deren Wegzug die Trierer Wirtschaft auf Jahrzehnte schädigte.

[11] Kleine, kreisförmige Schur des Haupthaares als Zeichen des Kleriker- oder Mönchsstandes. Heute kaum mehr üblich.

[12] Caspar Olevian und seine Anhänger mußten Urfehde (Racheverzicht) schwören und ab dem 23.12. binnen 14 Tagen die Stadt verlassen. Die Vertriebenen erhielten Asyl im Herzogtum Zweibrücken und den evangelischen Gebieten um Veldenz und Trarbach.

Sonst aber richtete Kurfürst Johann VI. sein Sinnen und Trachten darauf, das Trierer Erzstift vor verderblichen Häresien zu bewahren. Er reformierte die Trierer Universität[13] und überließ sie den Jesuiten (1561)[14], die sich besonders der Erziehung und Bildung der Jugend annahmen. Deshalb wurde auch ein Gymnasium[15] eröffnet; den Universitäts- und Gymnasialprofessoren sicherte er die notwendige Besoldung zu.

[13] Die Trierer Universität war 1455 gegründet, aber erst 1473 eröffnet worden.
[14] Die Jesuiten übernahmen nur die Theologische Fakultät und die Fakultät der Freien Künste.
[15] 1561 eröffnete der Rektor der Universität ein Gymnasium mit den Fächern Logik, Rhetorik und Humaniora. 1563 kam die Grammatik hinzu.

Caspar Olevian

26 Der Bohnenkrieg – Die Stadt kämpft weiter um ihre Unabhängigkeit

Am 2. Januar 1566 hielt der Magistrat Wein, der dem Kurfürsten gehörte, am Stadttor an und weigerte sich, ihn in den kurfürstlichen Palast bringen zu lassen. Auf die Beschwerde des Kurfürsten antwortete die Stadt, sie sei reichsunmittelbar.

Zu dieser Zeit führten das Zepter Triers vier Leute mit dem Vornamen Peter, deren Köpfe nach dem Urteil des Volkes noch verdrehter waren als die der übrigen Ratsherren[1]. Von ihnen war Peter Neumann Erster, Peter Lanser Zweiter Bürgermeister[2], Peter Behr Altbürgermeister und Peter Dronckmann Stadtschreiber.

Peter Neumann kam aus niedrigstem Stande. Einst war er von Erzbischof Johann VI. als Page angenommen, dann als Gehilfe dem Universitätsprofessor Pelargus zugeteilt worden[3]. Dieser gab ihm außer Kleidung und Nahrung fortlaufenden Unterricht in den Wissenschaften. Neumann nahm zu an Körpergröße und Bildung, so daß er zum Notar ernannt wurde. Er heiratete hintereinander mehrere reiche Frauen. Schließlich, durch die Güte des Kurfürsten zum Schöffen ernannt, wurde er zum Bürgermeister gewählt. Peter Lanser, ein Dummkopf, war Vertreter der Schifferzunft. Außer diesem Handwerk verstand er so gut wie nichts. Er war ausgebildet, wie eine Gans im Wasser zu leben, und trug schwer daran, daß die Rechte über die Mosel, die Weg- und Zollrechte und auch die Verfügungsgewalt über Mühlen an öffentlichen Flüssen und Bächen beim Kurfürsten lagen.

Peter Behr, ein Fleischer, dem kein Bäcker das schlechteste Brot anvertraut hätte, war von den Metzgern zum Vorsteher der Fleischerzunft gewählt worden; so hatte

[1] Der Chronist zeigt hier wie an anderen Stellen, daß er ein Parteigänger des Kurfürsten war.

[2] Die Stadt Trier hatte zwei Bürgermeister, von denen einer Schöffe, der andere Zunftvertreter sein mußte. Alljährlich am Kilianstag (8. Juli) wurde der Zweite Bürgermeister gewählt. Der bisherige Zweite wurde dann automatisch Erster Bürgermeister, dem die Geschäfte oblagen.

[3] Über Pelargus siehe E. Zenz, Die Trierer Universität 1473–1798, Trier 1949, S. 32 ff.

er sich in den Rat eingeschlichen. Dort wurde er, durch die Kraft seiner Arme, zum Bürgermeister gewählt. Lange Zeit liefen Gerüchte um über seine schlechte Moral. Im Jahre 1590 aber, als er verhaftet worden war[4] und aus Furcht vor Schmach und Schande sich aus dem Gefängnis hinabstürzte und damit seinen Tod beschleunigte, wurde alles klar durchschaut.

Peter Dronckmann, Stadtschreiber, jedoch einfältig und wenig gewandt, war das Orakel des Rates und der Stadt.

Unter diesen Anführern wurde auf den Bürgerkrieg hingearbeitet. Der Rat unterstützte sie ebenso wie das unentschlossene und schwankende Volk.

So verging ein Jahr zwischen Krieg und Frieden. Der Kurfürst beschlagnahmte die Güter Trierer Bürger im Hoheitsgebiet des Erzstiftes. Die Trierer aber störten, so gut sie es vermochten, diese Maßnahmen. Ein Schiff, das von der Frankfurter Messe[5] kam, wurde von den kurtrierischen Soldaten angehalten. Weil es aber auch andere, fremde Güter geladen hatte, ließ man es wieder frei. Die Trierer Bürger wurden daran gehindert, Getreide und Wein in die Stadt zu bringen, und die Männer des Kurfürsten entfernten von den Wagen, die zur Weinlese aufgestellt waren, je ein Rad. Doch in der folgenden Nacht machten die Trierer einen Ausfall, brachten die weggenommenen Räder wieder in ihre Gewalt, setzten sie ein und schafften die Weintrauben in die Stadt. Diese Rangeleien dauerten auch den ganzen Winter über an.

Als im folgenden Jahre 1568, zu Beginn des Frühjahres, das Vieh auf die Weide getrieben wurde[6], wurde es auf Befehl des Kurfürsten eingefangen und weggetrieben. Daraufhin erklärten die Trierer den Kurfürsten Jacob von Eltz (1567–1581) zum Feind der Stadt. Die Tore wurden geschlossen, und man begann, sich auf Feindseligkeiten vorzubereiten.

[4] Er war wegen Hexerei verhaftet worden.

[5] Es gab einen regelmäßigen Handelsschiffsverkehr zwischen Frankfurt und Trier. Den Trierer Schiffern war ein eigener Anlegeplatz gegeben worden. Der Trierische Hof in Frankfurt war das Zentrum des deutschen Lederhandels.

[6] Die Trierer Bürger waren zu dieser Zeit, was die Ernährung angeht, noch weitgehend Selbstversorger.

Zu dieser Zeit stand der Edelmann Anton von Eltz in den Diensten Frankreichs; er führte ein Regiment Fußvolk im Solde des französischen Königs. Auf Bitten des Kurfürsten trat Anton von Eltz nun in die Dienste seines Verwandten. Dieser stellte ihn als Heerführer an die Spitze von ungefähr 6000 Soldaten und Bauern, alles ausgewählte Schützen, die aus Montabaur, Boppard, Oberwesel, Daun, aber auch aus dem Moseltal, aus dem Gebiet der Pellenz[7], der Eifel und des Hunsrücks kamen.

Von ihnen wurde Trier über zwei Monate lang belagert[8], und zwar so, daß es nicht mehr möglich war, Lebensmittel in die Stadt zu bringen. Die Klöster St. Maximin, St. Alban[9] und St. Marien benutzten die Belagerer als Stützpunkte. Im Gelände des Amphitheaters wurden Zelte aufgeschlagen; hier lagerten Bauern aus Montabaur, die den Zugang zur Stadt an dieser Stelle sperrten. Nur auf der Westseite der Stadt, jenseits der Mosel, wurden an zwei Stellen Kanonen aufgestellt. Der Kurfürst wollte nämlich die Stadt nicht zerstören oder durch Kanonenschüsse beschädigen. Nur die Mühle, die kurz zuvor die Stadt rechts der Mosel bei St. Martin ohne Genehmigung des Kurfürsten errichtet hatte, ließ er niederreißen.

Die Bürgerschaft hingegen riß, um sich besser verteidigen zu können, die Kapelle des hl. Mauritius[10] und zwei Häuser ab, die dem Leprosenheim[11] bzw. Siechenhaus des Simeonstiftes dienten. Dann errichteten die Bürger durch Aufschüttung von Erde eine Schanze und stellten dort Geschütze auf. Desgleichen wurde vom Garten des Klosters der Grauen Schwestern[12] bis zur Höhe der Schellenmauer[13]. ein Wall aufgeführt mit der Front nach St. Maximin. In der Simeonskirche entfernte man den Hochaltar und stellte dort Geschütze auf. An der Altport[14] wurde ebenfalls eine Schanze errichtet. Im Umkreis der Kirchen und in den Kirchen selbst

[7] Landstrich zwischen Untermosel, Mayen und Andernach.
[8] Die Belagerung begann am 10.6.1568.
[9] Karthäuserkloster, am Fuß von Heiligkreuz gelegen.
[10] Vor der Simeonskirche außerhalb der Stadtmauer gelegen.
[11] Es ist nicht bekannt, ob sich beim Stift St. Simeon ein Leprosenheim befand.
[12] Zwischen dem Katasteramt (Sichelstraße) und der Christophstraße gelegen.
[13] Die Schellenmauer befand sich längs der heutigen Balduinstraße. Hier dürfte es sich um den Schellenturm handeln, der an der Ecke Balduin-Christophstraße stand.
[14] Ein Tor, das aus einem Fenster des Caldariums der Kaiserthermen bestand.

Zeichnung des Fischmarktes am Hauptmarkt zu Trier 1558

wurde mit Wildheit, mit Verwüstung und mit Erregung von Trauer und Schrecken das Oberhaupt der Kirche (d.i. der Erzbischof) bekämpft. Alles, was in der Nähe von Kirchenmauern lag, wurde umgewühlt. Vor allem zerstörten sie die Häuser der Stiftsherren von St. Simeon, und zwar mehr aus Haß als aus Notwendigkeit. Auch viele Obstbäume in dem Garten neben der Mauer und den Häusern der Stiftsherren wurden gefällt und für Schanzarbeiten verwendet. So faßte der Geist des Übermutes und der Häresie im verblendeten Volk Wurzeln und fügte dem Klerus der Stadt nicht wiedergutzumachenden Schaden zu.

Während der Kurfürst gelassen handelte und die Stadt in der Hoffnung, sie werde zur Besinnung kommen, mehr beobachtete als belagerte, ließen die Trierer nichts aus, womit sie die kurfürstlichen Truppen vertreiben und schwächen könnten. Sie forderten und erhielten auch Hilfstruppen gemäß den Verträgen vom Herzogtum Luxemburg[15] und vom Herzog von Lothringen[16]. Auf diese Hilfstruppen gestützt, machten die Trierer Bürger verschiedene Angriffe gegen die Truppen des Kurfürsten mit wechselndem Erfolg. Unter diesen Ausfällen war einer besonders bemerkenswert: Da das Wasser des Stadtbaches[17] abgeleitet und die Mühlen außer Betrieb waren, kamen Trierer Bewaffnete aus dem überwölbten Bett des Baches unter der Stadtmauer[18] und gleichzeitig aus dem Simeonstor heraus und schlugen und töteten eine Abteilung der kurfürstlichen Truppen, die in Zurlauben mit zwei Geschützen Wache hielten, aber ihren Postendienst schlecht versehen hatten. Die Trierer steckten vor den Augen des kurfürstlichen Heeres, das auf dem anderen Moselufer lag und deshalb seinen Männern keine Hilfe gewähren konnte, die kleinen Häuser von Zurlauben in Brand. Bei dem Angriff wurden Geschütze erbeutet und der Hauptmann Pankratius Saurzapf [19] mit all seinen Leuten niedergemacht.

Am nächsten Tage hielt der Kurfürst in St. Maximin Kriegsrat ab. Dabei wollte Anton von Eltz den Kampf nunmehr in aller Härte führen. Er wollte eine Bresche in die Stadtmauer schießen und dann die Stadt erobern. Der Kurfürst lehnte diesen Plan

[15] Damals mit den Niederlanden von Herzog Alba verwaltet.
[16] Karl III.
[17] Als Abzweigung des Olewiger Baches auch Weberbach genannt.
[18] Bei der Porta Nigra in Richtung Mosel.
[19] Sein Grabmal befindet sich in der Stiftskirche zu Pfalzel.

ab, weil er seine Anhänger in der Stadt nicht gefährden wollte. Der Plan Antons von Eltz aber wurde den Trierern verraten. Sie machten deshalb einen Ausfall, um den Kurfürsten mit seinen Ratgebern gefangen zu nehmen. Schon hatten sie die Wachen überwältigt und das erste Tor von St. Maximin überwunden. Am zweiten Tor leistete niemand Widerstand. Als aber ein Anführer namens Antonius rief: „Zurück, Bürger, sonst müssen wir alle sterben. Es ist genug, daß der Feind heute eine Niederlage erlitten hat", da wichen alle zurück. Wären sie mutiger vorgegangen, hätten sie an diesem Tage den Krieg durch einen ruhmvollen Sieg beenden können.

Am gleichen Tage plante der adlige Herr von Kesselstatt, als er mit anderen Adligen gefrühstückt und zu viel getrunken hatte, in der folgenden Nacht an den Stadtmauern ein Feuer zu entfachen. Er täuschte sich nicht, daß dies möglich wäre, denn er legte am Alttor ein Feuer. Als er das Schnarchen der auf den Mauern schlafenden Trierer Wachen hörte, rief er sie an und wünschte sie zum Teufel. Nun aber wurden die Wachen aufgeschreckt, und da das Feuer genügend Sicht bot, wurde der Herr von Kesselstatt mit seinen zwei Dienern von Schüssen durchbohrt und getötet. Der Herr von Kesselstatt wurde in der Kirche des hl. Gervasius[20] beigesetzt; die Diener wurden im benachbarten Wall begraben.

Dieser Vorfall führte noch in der gleichen Nacht zu großer Unruhe. Der Magistrat gab das Zeichen zum Kampf und rief zu den Waffen. Ängstlich liefen die Bürger auf dem Markt zusammen und warteten dort auf Befehle. Unter den Männern dort befand sich auch der Prokurator der Trierer erzbischöflichen Kurie, Bernhard Hetzelius, der seinen Brustpanzer falsch angezogen hatte. Er hatte nämlich das Bruststück auf dem Rücken angelegt. Bürgermeister Neumann tadelte ihn, daß er Waffen nicht anzulegen, geschweige denn zu führen wisse. Hetzelius antwortete: „Herr Bürgermeister, was haben denn die Musen mit den Waffen gemein?" Er machte dadurch klar, daß er auf beiden Gebieten wenig bewandert sei.

Am Dreifaltigkeitstag fand ein ziemlich heftiges Gefecht statt, in dem die kurfürstlichen Truppen zurückgeworfen und in die Flucht geschlagen wurden. Pfalzel bot

[20] Diese Gervasiuskirche stand ungefähr in der Mitte der Kaiserthermen.

ihnen Schutz und Zuflucht, doch wurde deshalb die Belagerung nicht aufgehoben und beendet.

Als Kaiser Maximilian II. (1564–1576) dies erfuhr, schickte er sofort einen Gesandten mit dem Befehl, beide Seiten müßten die Waffen niederlegen. Er kam zunächst zum Kurfürsten nach Pfalzel, um das kaiserliche Mandat zu erörtern. Dann ging er, glanzvoll gekleidet, mit dem Zepter in der Hand und an der Vorder- und Rückseite seines Gewandes den kaiserlichen goldenen Adler zeigend, zum Simeonstor und forderte im Namen des Kaisers, die Waffen niederzulegen, die auswärtigen Truppen zu entlassen, den Frieden im Reich nicht mehr zu stören und wegen der Streitigkeiten den Rechtsweg einzuschlagen.

Man ließ also vom Kriege ab, und dem Volk wurde der Friede wiedergegeben[21]. Nach Wegzug der Soldaten wurde eine kaiserliche Besatzung in die Stadt gelegt[22]. Der Kurfürst und sein Gefolge betraten, solange der Rechtsstreit dauerte, die Stadt nicht. Dieser Krieg wurde „Bohnenkrieg" genannt[23].

[21] Am 22.7.1568 schloß der Kurfürst mit der Stadt in Pfalzel einen Waffenstillstand, wonach der Streit einem Schiedsgericht vorgetragen werden sollte. Sollte dessen Vermittlung scheitern, wäre der Streit dem Kaiser zum Entscheid vorzulegen.

[22] Da vor dem Schiedsgericht eine Einigung nicht zustande kam, erhielt Trier eine kaiserliche Besatzung unter dem Kommissar Dr. German Endlin, der die Verwaltung der Stadt übernahm und den Auftrag hatte, für den Prozeß die nötigen Zeugenvernehmungen vorzunehmen.

[23] Wahrscheinlich so genannt, weil der Krieg vor allem die vor den Toren der Stadt liegenden Bohnengärten der Trierer Bürger vernichtete. Der Schreiber dieser Chronik ist der Kanonikus Johann Linden vom Stift St. Simeon. Deshalb die genaue Beschreibung der Schäden, die dieses Stift erlitt.

27 Nach erfolgreichem Prozeß zieht der Kurfürst in die ihm nun unterstellte Stadt ein

Vertrieben war der Kriegsgott Mars. Doch begann nunmehr ein Prozeß, in dem 12 Jahre lang vor dem Kaiserlichen Gerichtshof verhandelt und gestritten wurde. Kaiser Rudolf II. (1576–1612) fällte den Urteilsspruch am 18. März 1580 zu Prag. Darin wurde Trier die Reichsunmittelbarkeit abgesprochen. Die Stadt und ihre Bewohner wurden dem Kurfürsten und Erzbischof als ihrem rechtmäßigen Landesfürsten unterstellt.

Nach der Urteilsverkündung gab es Trierer, die zum Aufstand bereit waren und auch den Mut dazu besaßen. Andere Trierer aber waren kleinmütig und ängstlich; sie neigten nicht dazu, gegen das Urteil Berufung einzulegen oder ein neues Schiedsgericht zu verlangen. Die beiden Gruppen trennten sich, und manche Bürger fingen an, auf die Urheber des Prozesses zu schimpfen. Sehr rar machten sich damals die gelehrten Herren, die Veranlasser der Fehde und des Aufstandes gewesen waren. Sie verließen Trier oder enthielten sich aller Ratschläge aus Furcht, es könne etwas gegen sie vom Kurfürsten unternommen werden. So reisten einige neue Ratsmitglieder mit einer Schar angesehener Bürger Mitte Mai 1580 nach Wittlich; an ihrer Spitze stand Dr. Gerhard Senheim, ein noch junger Mann, der gerade von der Universität gekommen war.

In Wittlich bat diese Delegation den Kurfürsten Jacob III. von Eltz um Gnade. Dieser sagte sie zu und versprach, der Fehler und Gewalttätigkeiten nicht mehr zu gedenken mit Ausnahme derer, die eine Strafe verdienten.

Nachdem der Kurfürst mit dem kaiserlichen Gesandten Besprechungen über den Urteilsvollzug und den Gnadenerweis gehabt hatte, erließ er am Tage, bevor er seine Hauptstadt wieder betreten wollte (23. Mai 1580), folgende Verfügung: Er wolle die Stadt nur mit einer kleinen Schar von Soldaten betreten; die berittene

Truppe werde, mit Ausnahme der Hofbediensteten, sofort wieder in ihre Quartiere außerhalb der Stadt entlassen. Die Offiziere müßten in die Bürgerhäuser aufgenommen und die Soldaten in passenden Quartieren untergebracht werden. Wenn alle Angelegenheiten in Ruhe erledigt seien, würden auch diese entlassen.

Als der Kurfürst am 23. Mai seine Stadt mit dem kaiserlichen Gesandten, den Fürsten, vielen Vasallen und einer großen Anzahl von Reitern und Reisigen betreten wollte, kam ihm der Rat am Simeonstor niedergeschlagen entgegen, um die Schlüssel der Stadt zu übergeben.

Der Kurfürst nahm sie in Empfang und befahl, sie in den Kurfürstlichen Palast zu bringen. Beim Einzug in die Stadt ritt an der Spitze des Zuges ein Koch, der einen großen Löffel von der Länge einer Lanze trug. Als er zum Markt kam, schäumte er das Wasser des Marktbrunnens mit seinem Löffel auf, während er den Brunnen dreimal umschritt. Hiermit wollte er andeuten, daß die Trierer Bürgerschaft „abzuschäumen" (vom Abschaum zu befreien) sei. Man glaubte aber allgemein, daß diese Handlung gegen den Willen des Kurfürsten von anderen veranlaßt worden sei.

Der Kurfürst ließ das Rat- und Stadthaus[1] sofort versiegeln, löste den Rat der Stadt auf und ließ ihn acht Tage unbesetzt. Zu seinem Statthalter bestellte er den Trierer Dompropst Johann von Schönenberg[2], in dessen Hand nun die höchste Macht in Trier lag. Danach ließ der Kurfürst auf dem Markt eine Tribüne errichten und die Bürger am 27. Mai den Treueid auf seinen Namen leisten. Dann ernannte er einen neuen Rat, der jedoch zum größten Teil aus Männern des alten Rates bestand. Dieser neue Rat mußte allerdings dem Kurfürsten im Palast einen besonderen Treueid ablegen. Auch schrieb Jacob von Eltz dem Rat die Art und Weise der Ratsgeschäfte durch die „Neuwe Raths-Ordnung" vom 13. Juni 1580 vor.

Nur gegen Peter Neumann ging er strenger vor. Dieser war nämlich an einem Sonntag, kurz nach dem Einzug des Kurfürsten in die Stadt, in den Dom gegangen. Dort

[1] Das alte Rats- und Kaufhaus am Kornmarkt.
[2] Johann von Schönenberg wurde nach dem Tode Jacobs von Eltz sein Nachfolger.

Erzbischof und Kurfürst Jacob von Eltz

wurde er von Gefolgsleuten des Kurfürsten gesehen. Neumann wurde aufgefordert, den Dom zu verlassen. An der Domtür[3] wurde er verhaftet und in den Kurfürstlichen Palast gebracht. Kurz darauf wurde er der Stadt und des Landes verwiesen.

In der folgenden Zeit wohnte er mit seiner Frau und seiner Familie in verschiedenen Orten, erlangte aber nach einigen Jahren von dem neuen Erzbischof und Kurfürst Johann von Schönenberg (1581–1599) Verzeihung und die Genehmigung zur Rückkehr nach Trier. Aber schon in der ersten Nacht, die er wieder in Trier verbrachte, starb er.

[3] Im Dom, früher auch in der gesamten Domimmunität, durften keine Verhaftungen stattfinden.

28 Hexenwahn

Kaum einer seiner Vorgänger regierte sein Land in einer solchen Notzeit wie Johann von Schönenberg (1581–1599). Während seiner ganzen Regierungszeit mußte er den Mangel an Brotgetreide, die Unbill der Witterung und die Mißernten mit seinen Untertanen teilen. Denn nur zwei Jahre waren fruchtbar: die Jahre 1584 und 1590. Dazu kamen ständige Plündereien, Straßenräubereien und Diebstähle.

So kam das Land aus der Erschöpfung nicht heraus, da die Felder nichts hervorbrachten und die Räuber alles fortschleppten, was noch übriggeblieben war. Hinzu kam, daß die Bevölkerung gezwungen war, für den Erzbischof und seinen Unterhalt sowie für die Entlastung seiner Hofkammer einiges an Steuern aufzubringen. Jedesmal, wenn Abgaben gezahlt werden mußten, traf es die Untertanen hart, und so kam es, daß das Volk den Fürsten haßte, obwohl er sich doch stets mit 8000 bis 10000 Gulden zufrieden gab. Damals wußten die Bewohner des Erzstiftes noch nicht, wie hart Eintreibungen sein können. Sie lernten es im Jahre 1618 und in den folgenden Jahren[1], als dem Volk durch Schäden und Unglück die Augen erst aufgingen.

Weil das Volk allgemein glaubte, daß die viele Jahre anhaltenden Mißernten durch Hexen und Unholde verursacht würden, erhob sich das ganze Land zur Ausrottung der Hexen und Zauberer. Diese Haltung unterstützten viele Amtspersonen, die sich von der Verurteilung von Menschen zum Scheiterhaufen Gold und Reichtum erhofften. Daher traten im ganzen Erzstift, in Städten und Dörfern, bei den Gerichten ausgesuchte Ankläger, Untersuchungsrichter, Gerichtsboten, Schöffen, Richter und Henkersknechte auf, die Menschen beiderlei Geschlechts zum Verhör vor ein Gericht schleppten und sie dem Feuertode überantworteten. Denn ein

[1] Gemeint ist der Dreißigjährige Krieg (1618–1648).

Schultheiß namens Flade[2] wurde mit zwei Bürgermeistern[3], Ratsherren und Schöffen verbrannt. Kanoniker verschiedener Stifte, Pfarrer, Landdechanten verfielen der gleichen Verurteilung; kaum einer von ihnen entging der Hinrichtung. Schließlich artete die Wut des Volkes und der Richter, die nach Blut und Rache lechzten, derart aus, daß nur wenige zu finden waren, die nicht von dem Makel dieses Verbrechens gekennzeichnet waren[4]. Inzwischen wurden die Notare, Schreiber und Schankwirte reich. Der Scharfrichter ritt auf einem edlen Pferd einher wie ein adliger Herr vom Hofe, in Gold und Silber gekleidet. Sein Weib wetteiferte im Kleiderluxus mit den Adligen. Die Kinder der Hingerichteten wanderten aus; ihr Besitz wurde eingezogen. So fehlte es bald an Bauern und Winzern, was die Lage dieser Berufsgruppen angesichts der Mißernten noch verschlimmerte. Kaum grausamer kann die Pest oder ein überaus grausamer Feind im Trierer Land gewütet haben als diese Form einer maßlosen Inquisition. Es gab sehr viele Beweise, daß nicht alle Hingerichteten schuldig waren.

Diese Hexenverfolgungen dauerten mehrere Jahre, und es gab Richter, die sich der vielen Pfähle rühmten, an denen Menschen dem Feuer übergeben worden waren[5]. Schließlich wurden, da dieses Gesindel von Menschen in seinem Tun nicht nachließ, Gesetze für die peinliche Befragung[6] durch die Untersuchungsrichter erlassen und die Gebühren für die Richter, Beisitzer und für den Henker festgelegt[7]. Und plötzlich, gleich wie im Kriege das Geld einmal verbraucht ist, verschwand der

[2] Dietrich Flade wurde 1534 in Trier geboren. Als Jurist stand er lange im Dienste des Kurfürsten. Er war Professor und Rektor der Trierer Universität, dann Schultheiß und Richter. Er wurde am 18.9.1589 hingerichtet. Siehe E. Zenz, Ein Opfer des Hexenwahns. Das Schicksal des Doctor Dietrich Flade. Trier 1977.

[3] Die beiden Bürgermeister waren Nikolaus Fiedler und Johann Ruland von Kesten.

[4] Hier dürfte der Chronist etwas übertreiben. Über die Hintergründe des Hexenwahns siehe E. Zenz, Die geschichtlichen und geistigen Hintergründe des Hexenwahns. In: A. Arens, Friedrich Spee im Licht der Wissenschaften. Mainz 1984. S. 135 ff.

[5] In Trier wurden die Opfer zunächst erdrosselt, sodann wurde der Leichnam in einem Strohhaus verbrannt. Man begründete diese Handlungsweise damit, daß andernfalls die Opfer beim Verbrennen die Möglichkeit hätten, Gott zu lästern.

[6] Hier ist die „Peinliche Halsgerichtsordnung" Kaiser Karls V. (Carolina) gemeint.

[7] Der Henker (Nachrichter genannt) und sein Gehilfe erhielten für jede Hinrichtung eineinhalb Gulden (1 Gulden = 1 Taler), die übrigen Beteiligten 31 albus.

Wie man sich um 1594 die Tätigkeit der Zauberer und Hexen vorstellte

wilde Eifer der Untersuchungsrichter. Es wurde aber auch beobachtet, daß nur wenige, die sich bei der Menschenschlächterei bereichert hatten, ihren Besitz auf die dritte Generation vererbten.

Damals schrieb ein Trierer Dichter folgende Zeilen:

„Nirgends gab es Treu und Glauben mehr; alle waren von Furcht erfüllt. Überall brannten die Scheiterhaufen, überall streunten Räuber umher. Es gab keine Ehrfurcht vor der ererbten Religion, keine Rücksicht auf Freundschaft, keine Bindung an alte Gemeinschaften mehr. Auch nicht die Spur von Gesetzen wurde beachtet."

Im Jahre 1593 wurde Cornelius Loos, ein Beschützer und Verteidiger der Hexen und Zauberer, von dem hochwürdigsten Weihbischof Peter Binsfeld[8], dem Abt Reiner Biewer von St. Maximin, dem erzbischöflichen Offizial Bodeghemius und dem Doktor der Theologie Georg Helffenstein und dem Doktor beider Rechte Johannes Collmann zum Widerruf seiner über das Hexenwesen aufgestellten Thesen[9] gezwungen[10].

[8] Peter Binsfeld, Weihbischof von Trier (1580–1598), Verfasser einer Schrift gegen die Hexen, die zur Förderung des Hexenwahns beitrug.

[9] Cornelius Loos, geboren 1546 in Gouda/Holland, lehnte als Theologieprofessor in Trier jeden Glauben an Zauberer und Hexen ab, wie er auch den Teufelspakt und die Teufelsbuhlschaft als Unsinn abtat. Nach seinem Widerruf wurde er aus dem Erzstift Trier ausgewiesen. Er ging nach Brüssel, wo er wiederum seine Thesen verbreitete und deshalb erneut verhaftet wurde. Er starb 1595 in der Haft.

[10] Lit. zu Loos: E. Zenz, Cornelius Loos – ein Vorläufer Friedrich von Spees gegen den Hexenwahn. In: Kurtrierisches Jahrbuch 1981, S. 146 f.

29 Trier während des französischen Krieges gegen Holland

Die Eroberung Triers durch die Franzosen – Die Schlacht an der Konzer Brücke – Die Wiedergewinnung Triers durch die Deutschen

Der Holländische Krieg (1672–1679) wurde von Frankreich aus ökonomischen und konfessionellen Gründen unternommen. Frankreich, seit 1670 mit England verbündet, drang 1672 in Holland ein. Da Frankreich sich des Reiches und einzelner deutscher Länder nicht sicher war, wurden auch die Rheinlande und der Trierer Kurstaat in den Krieg einbezogen, zumal der Kaiser 1673 Frankreich den Krieg erklärte.

Am 23. Juli 1673 kam König Ludwig XIV. (1643–1715) mit seinem Hof nach Diedenhofen. Zu dieser Zeit hatte der Feldmarschall de Fourille mit 20000 Reitern das Trierer Erzstift besetzt[1]. Sie hatten Anfang August ihr Lager bei Igel aufgeschlagen. Das gesamte Erzstift war den Franzosen ausgeliefert und wurde mit Kontributionen belastet: eine Summe von 120000 Reichstalern wurde gefordert. Außer Saarburg besetzten sie auch Pfalzel und Wittlich; in dieser Stadt eigneten sie sich die Schlüssel zu den Getreidespeichern, den Weinkellern und den Geldtruhen an.

Am 3. August besetzten die Franzosen die Konzer Brücke; über sie zogen am 5. August 1200 Reiter, an Trier vorbei, nach Neumagen. Ferner befanden sich im Gebiet von Hunolstein, Baldenau und Bernkastel in einem Abstand von je einer Stunde französische Truppen. Auch rückten sie in die Eifel vor. Alle Städte und Dörfer zwangen sie zu Kontributionen. Trier selbst war so bewacht, daß nichts in die Stadt hinein gebracht werden konnte.

Am 29. August 1673 begannen die Franzosen um die Mittagszeit, Trier beim Alttor mit 10 Geschützen anzugreifen. Tagelang dauerte der Beschuß. Bei St. Matthias bauten sie eine Schiffbrücke über die Mosel, damit sich die Heereseinheiten gegen-

[1] Obwohl Trier offiziell neutral war und der Kurfürst nur den Durchzug der Franzosen gestattet hatte, wurde der Trierer Kurstaat schon früh von den Franzosen als feindliches Land betrachtet. Diese Haltung verstärkte sich, als der Kurfürst geheime Verhandlungen mit den Gegnern Frankreichs aufnahm.

seitig leichter unterstützen könnten. Nachdem Trier fast 14 Tage lang belagert und beschossen worden war, inzwischen auch noch fünf oder sechs Kriegsgeschütze aus Metz mit 2000 Fußsoldaten angekommen waren, waren die Trierer gezwungen, die Übergabe anzubieten. Am 8. September rückten die in der Stadt noch befindlichen kurfürstlichen Soldaten ab. Die Trierer Bürger wurden entwaffnet; auch mußte die Stadt die Kirchenglocken für 8000 Reichstaler loskaufen. Ferner wurden eine Menge Wein und andere Güter nach Metz gebracht. Trier selbst wurde mit 2000 Fußsoldaten und 400 Reitern besetzt. Sofort wurden auch die Stadtmauern wieder hergestellt, wobei die Einwohner Triers fleißig mitarbeiten und helfen mußten, ob sie wollten oder nicht.

Im Monat April 1674 kamen die Trierer Karthäuser nach Koblenz, weil ihr Trierer Kloster und ihre Kirche von den Franzosen völlig zerstört worden waren. Eingestürzt und zerstört war auch die Benediktinerabtei St. Maximin. Völlig zerstört lag auch das altehrwürdige Kanonikerstift St. Paulin, zu dem eine Kirche und viele Häuser ringsum gehörten. Die Franzosen schämten sich nicht, die heiligen Gräber[2], die Gebeine und Reliquien der Heiligen in einer solchen Weise zu entweihen und zu schänden, daß die Soldaten sie sogar mit Füßen traten und sich gegenseitig damit bewarfen. O Graus!

Bis auf den Grund zerstört wurden auch das Kloster St. Barbara[3], das den Jesuiten zum Unterhalt zugewiesen und ein anderes Kloster[4], das Nonnen in Löwenbrücken überlassen war. Dem Erdboden gleichgemacht wurde auch das geräumige Karthäuserkloster, zu dem neben der Kirche auch einige Häuser gehörten[5]. Die St.-Antonius-Kirche[6] wurde in einen Wachtturm verwandelt. Das Frauenkloster

[2] Die Gräber der Heiligen Paulinus, Thyrsus, Palmatius und der Trierischen Märtyrer.

[3] Das Dominikanerkloster St. Barbara lag etwa gegenüber dem jetzigen Herz-Jesu-Krankenhaus zur Mosel zu. Der bauliche Verfall des Klosters infolge der Zerstörungen durch den Markgrafen Albrecht Alcibiades (1552) verleidete den dort noch lebenden fünf Nonnen das Verweilen in diesem Haus, so daß sie es dem Erzbischof überließen. Dieser verwendete den Besitz 1565 zur Dotierung des Jesuitenkollegs.

[4] Es handelt sich um das Zisterzienser-Nonnenkloster St. Anna in Löwenbrücken (Trier-Süd).

[5] Am Fuße des Heiligkreuzer Berges gelegen.

[6] Gemeint ist der Turm; das Innere der Kirche wurde nur verwüstet.

Ören[7] ging in Flammen auf, und noch mehr Klöster und Kirchen wären dem Untergang bestimmt gewesen, wenn nicht der Urheber dieser Schändlichkeiten, der Graf Peter von Vignory, der Gouverneur der Stadt war, bei einem Ritt das Genick gebrochen und so durch seinen Tod dem üblen Treiben ein Ende gesetzt hätte.

Dieser Graf von Vignory, der als Gouverneur in Belgien schon durch seine Wildheit berüchtigt war, herrschte in Trier mit großer Autorität über Soldaten und Bürger. Selbst bei seinen eigenen Leuten war er gefürchtet und unbeliebt. Sie sagten von ihm, daß er wahnsinnig sei. Doch verstand er es, die Stadt besser zu befestigen. So schloß er innerhalb eines Jahres und einiger Monate die Stadt mit Bollwerken, Gräben, Brustwehren sowie einem ungeheuren Palisadenring ein. Von überall her wurden Bürger, Soldaten und Bauern zum Schanzen gezwungen, so daß die Stadt bald ganz anders aussah als vorher. Außerhalb der Stadt waren drei Redouten[8] angelegt worden mit Türmen, mächtigen Bollwerken, Gräben und dichten und ausgedehnten Palisaden. Die eine sicherte jenseits des Flusses die Moselbrücke nach Westen; die zweite, nach Süden, lag nahe der zerstörten Kartause; die dritte, nach Norden, hatte einen unterirdischen Laufgang, sogar einen Durchgang für Geschütze, Schutzwehren und befestigte Unterstände; der östliche Teil der Stadt aber hatte außer zwei mächtigen Vorsprüngen im Mauerwerk in der Mitte ein halbmondförmiges Bollwerk, das, von breiten Gräben umgeben, mit Schutzwehren und Unterständen befestigt war. Es sollte den Feind abwehren, wenn er von den benachbarten Bergstellungen oder aus dem Amphitheater kam. So war die Stadt nach keiner Seite mehr offen. In Wirklichkeit fehlte Vignory die Übersicht, denn weder konnte er genügend Soldaten und Geschütze erwarten, die bei so vielen Bollwerken zur Verteidigung Triers notwendig gewesen wären, noch konnte er die Berge einebnen. So setzte der Mann Großes ins Werk, aber nur wenig war den Seinen zum Vorteil.

Ihm standen als Gegner gegenüber der Feldherr des kaiserlichen Heeres, Georg Wilhelm, Fürst von Lüneburg-Celle, mit seinem Bruder Ernst August von Osnabrück.

[7] Frauen-Abtei St. Irminen.
[8] Redouten = auf freiem Feld angelegte Befestigungen.

Trier um 1702. Oben rechts die zerstörte Brücke, in der Mitte eine Schiffbrücke zum Krahnen

Georg Wilhelm begann am 4. August 1675 mit etwa 18000 Soldaten, Trier, das von 5000 Franzosen verteidigt wurde, einzuschließen. Ihnen kam Marschall Créqui eilig mit einem Heere von 8000 bis 9000 Mann zu Hilfe. Dies war der Grund, warum der kaiserliche Feldherr seine Truppen noch nicht zum Sturm auf Trier formiert hatte; er wollte abwarten, von welcher Seite der von Mosel und Saar kommende Feind angreifen werde.

Deshalb wurde eine Schiffbrücke oberhalb von St. Marien über die Mosel geschlagen; Geschütze wurden auf das rechte Moselufer gebracht. Stellungen zur Erstürmung der Stadt wurden vor allem auf dem Marsberg[9] und den benachbarten Höhen ausgebaut. Von hier aus wollte er die Redouten der Franzosen wirkungslos machen. Durch Verbindungsgräben und an vier Stellen der bereits zerstörten Stadtmauer wollte man einem Ausfall der Franzosen begegnen.

Der größte Teil der lüneburgischen Reiterei wurde in Euren postiert, um den Zugang zur Trierer Moselbrücke zu sperren. Am 6. August wurde Kürenz von den

[9] Heutiger Petrisberg.

Franzosen in Brand gesteckt, um es für die Belagerer nutzlos zu machen. Am 7. August wurde das vom Olewiger Bach und dem Herrenbrünnchen kommende Wasser abgeschnitten, damit in der Stadt Wassermangel entstehe. Am 8. August wollte Vignory St. Matthias und St. Marien zerstören. So zog er abends mit seinen Truppen nach St. Matthias. Als er aber erfuhr, daß dieses Kloster bereits von den Kaiserlichen besetzt sei, ritt er zur Stadt zurück. Am Markt angekommen, sagte er: „St. Matthias ist uns vom Feind entrissen worden. Der Teufel soll mich holen, wenn ich nicht die Abtei St. Marien besetze und zerstöre." Als er zum Simeonstor kam, scheute auf der Brücke sein Pferd und verweigerte den Schritt. Als er dem Pferd, um es anzutreiben, die Sporen gab und gleichzeitig eine Kanone einen Schuß abfeuerte, stürzte das Roß von der Brücke rücklings in den Graben. Es lag mit dem Sattel auf Vignorys Brust; auch wurden sein Zwerchfell und sein Kopf beim Aufschlag auf einen Stein zerquetscht. Das Pferd blieb heil, Vignory aber starb eines plötzlichen Todes; er war ein klägliches Beispiel eines Kämpfers gegen die Heiligen Gottes. Seinen Leichnam machte man, wie das Fleisch eines Schweines, mit Salz haltbar und steckte ihn dann in eine Kiste; er sollte später nach Frankreich übergeführt werden.

Ihm folgte als Gouverneur der Stadt Oberst de Bovilliers; er war gerechter als Vignory und deshalb bei den Soldaten, aber auch beim Volk beliebter. Als nun Marschall Créqui[10] nahte, lauerte ihm der Herzog von Lothringen mit seinen Soldaten auf und besetzte die Konzer Brücke mit Kanonen, nachdem er die französischen Wachtposten in den Fluß geworfen hatte.

Inzwischen hatte Créqui an einem durch Berge geschützten Gelände am Zusammenfluß von Saar und Mosel ein Lager aufgeschlagen. Von dort war er nicht ohne große Verluste für das kaiserliche Heer zu vertreiben. Dieses formierte sich deshalb diesseits (von Trier aus gesehen) der Saar; es zählte etwa 11 000 Mann. Seine Offiziere arbeiteten einen Schlachtplan aus.

Da geschah es, daß französische, mit Proviant beladene Schiffe die Mosel hinabfuhren und in der Nähe der Saarmündung landeten. Als dies der Fürst von Lüneburg erfuhr, hielt er die Zeit für gekommen, mit seinen Truppen die Konzer Brücke zu überqueren; er glaubte, damit den Feind aus seinem Lager locken zu können. Seine Truppen stellte er so auf, daß die kaiserlichen Grenadiere unter Führung des Marquis von Grana und die lothringische Kavallerie entlang den Moselbergen dem linken Flügel der Franzosen zustrebten. Die Kavallerie der Münsteraner passierte gleichzeitig eine Saar-Furt; sie hatte den Auftrag, den rechten Flügel der Franzosen anzugreifen. Die Lüneburger aber stellten sich in der Ebene dem Gros der Franzosen entgegen.

Als Créqui diese Lage erkannte, wollte er zunächst den Proviant, den die Schiffe gebracht hatten, retten. So warf er sich voller Zuversicht den Lüneburgern entgegen. Diese drohten schon zu unterliegen, als ihnen der Herzog von Holstein[11] zu Hilfe kam. Inzwischen hatten die Lothringer bereits die Anhöhe gewonnen; sie waren mit ihren Geschützen an der Vorderseite des Berges, dem linken Flügel der Franzosen gegenüber, in Stellung gegangen. Daher griff Holstein mit den kaiserlichen und kurtrierischen Truppen vom Bergabhang aus den Feind mit solchem Ungestüm an,

[10] Créquis Heer bestand aus 36 Schwadronen Kavallerie, 9 Bataillonen Infanterie, 10 Kompanien Dragoner und 11 Geschützen.

[11] Herzog Johann Adolf von Holstein war der Anführer der braunschweigisch-lüneburgischen Truppen.

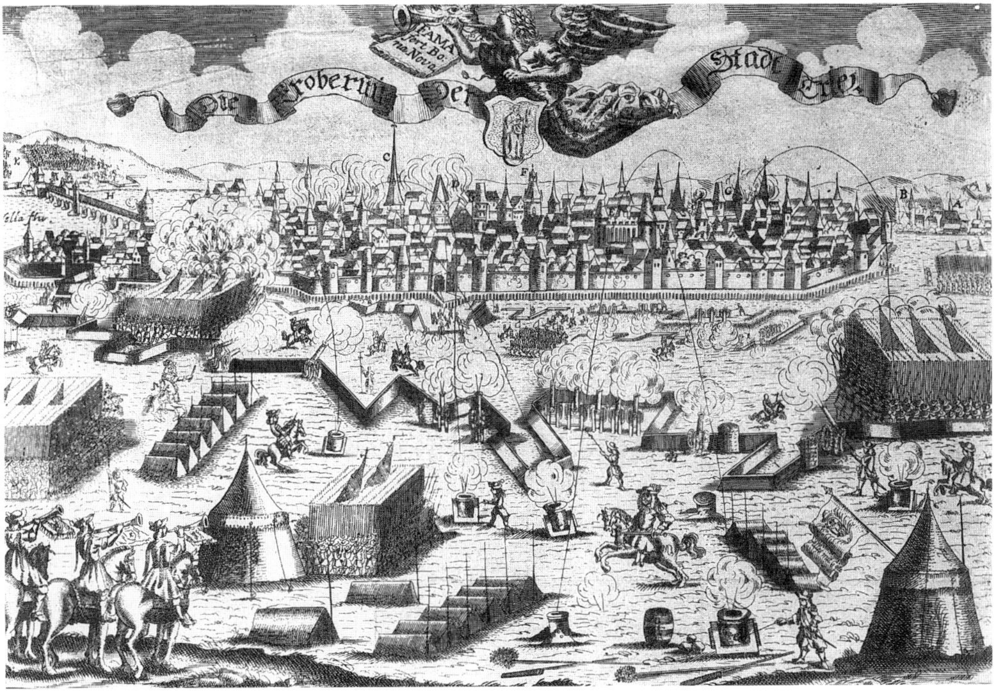

Eroberung der von den Franzosen besetzten Stadt durch verbündete Truppen

daß nach kurzer Zeit die französische Kavallerie und der linke Flügel des Heeres in die Flucht geschlagen wurden. Holstein verfolgte den Feind bis Tawern, machte dann kehrt und fügte, da er den Feind im Rücken angriff, den französischen Truppen riesige Verluste bei. Dabei erwies sich der Marquis von Grana als hervorragender Feldherr[12].
Der Kampf hatte drei Stunden gedauert. 3000 Tote gab es und 2000 Gefangene. Erbeutet wurden zehn Kanonen, zahlreiche Fahnen, die ganze Fourage, ferner Geld und viel silbernes Geschirr. Créqui konnte nach Saarburg fliehen, das sich noch in französischer Hand befand. Ein treuloser Saarburger Bürger aber half ihm, so daß es ihm gelang, nach Trier zu entkommen. Von dort aus wollte er die Schmach der Niederlage austilgen.

Am 12. August standen die vereinigten deutschen Truppen wieder vor Trier, um diese Stadt zu befreien. Sie begannen mit der Beschießung des Ostteils der Stadt, wobei ihre Geschütze auf den Höhen des Marsberges standen. Man schoß zunächst mit wenigen, dann mit 15 Kanonen. Die Türme der Stadtmauern wurden getroffen und die erhöhten Geschützstellungen innerhalb der Stadt zusammengeschossen. So konnten die Deutschen ihre Stellungen allmählich bis an die Stadtmauern verlegen.

Créqui aber war nicht zu erschüttern. Sein wichtigstes Ziel war jetzt, die Befestigungen der Stadt noch mehr auszubauen. So ließ er bei der Moselbrücke Häuser und eine nicht mehr benutzte Kirche[13] abreißen und dort Schanzen anlegen[14]. Den Dom hielt er für geeignet, sein Hauptquartier aufzunehmen. Dorthin ließ er auch Proviant bringen, desgleichen Wein und Heu für die Pferde. Auch den Kurfürstlichen Palast baute er durch Mauerdurchbrüche zu einer kleinen Festung aus. Die benachbarten Kanoniker- und Bürgerhäuser sowie einige Klöster wurden ebenfalls in Befestigungsanlagen umgewandelt. Schließlich wurden sogar Soldaten aus den Lazaretten an die Stadtmauern beordert; sie sollten dort Posten beziehen.

[12] Auf einer Anhöhe bei Wasserliesch (Grana-Höhe) setzte man diesem kaiserlichen General ein Denkmal.
[13] St. Maria ad pontem (bei der Brücke).
[14] Von diesen Anlagen hat die Wallstraße ihren Namen.

Endlich faßten die Deutschen den Plan, die gesamte Ostseite der Stadt gleichzeitig anzugreifen. Zunächst machten ihre Truppen einen Scheinangriff auf das an der Mosel liegende Brückentor. Als daraufhin Créqui mit seinen Soldaten dorthin eilte, konnte man eine große Anzahl von Soldaten und Bauern sehen, die aus dem Amphitheater und andern Schlupfwinkeln kamen und sich in Richtung auf die Stadt bewegten. Die mit Gewehren ausgerüsteten Soldaten eroberten die Stadtgräben, verteilten sich auf die inneren und äußeren Schanzen und schlugen schließlich ihre Verteidiger in die Flucht. Aber ein Geschoßhagel aus Handfeuerwaffen zwang sie, sich zurückzuziehen und sich in den umliegenden Schanzen in Sicherheit zu bringen. Der Fehler der Deutschen hatte darin gelegen, daß sie den Angriff am hellichten Tage vorgenommen hatten und daß die Stadtmauern noch nicht genügend zerstört waren. Am nächsten Tage wurde der Beschuß gegen die östlichen Stadtmauern fortgesetzt, aber die Franzosen wehrten sich tapfer.

Währenddessen kam ein kaiserlicher Parlamentär, der die Franzosen zur Übergabe der Stadt aufforderte. Créqui antwortete, daß er dies tun würde, wenn ihm die in der Konzer Schlacht verlorenen Gegenstände zurückerstattet, die französischen Gefangenen entlassen würden und seine Truppen in Trier aus der Stadt mit Waffen und Gepäck abziehen dürften. Als diese Nachricht ins deutsche Lager kam, waren die Lüneburger dafür, Trier mit Gewalt zu erobern und die Stadt den siegreichen Truppen zur Plünderung freizugeben. Die Führer der anderen Truppen waren aber dagegen. Man dürfe, so betonten sie, die befreundete Stadt nicht durch ein Gemetzel bestrafen, zumal bei den Franzosen der Plan bestehe, die Stadt in Flammen aufgehen zu lassen, während sie sich selbst in den Schutz des Domes zurückziehen wollten. Am 3. September begannen nunmehr die deutschen Truppen erneut, die Stadt zu beschießen. Bald zeigten die Stadtmauern gewaltige Breschen, wobei die Gräben teilweise zugeschüttet wurden. Die meisten Franzosen wählten jetzt den Dom als Zufluchtsort. Dorthin wurden Geschütze gebracht; auch die Kriegskasse wurde dort sichergestellt. Alle Zugänge zum Dom mauerte man zu; nur zwei Tore waren noch offen: eines zu den östlichen Stadtmauern und das andere zum Markt. Als auch das Marstallgebäude des kurfürstlichen Palastes einem Brand zum Opfer gefallen war, hatten die Franzosen nur noch den Dom, wo sie sich verteidigen konnten.

Nunmehr war Créqui bereit, seine Zustimmung zur Kapitulation zu geben. Er schickte Unterhändler, und man begann zu verhandeln. Schließlich einigte man sich; Fußtruppen und Reiter durften ohne Waffen abziehen. Die Verwundeten sollten mit einem Schiff nach Metz gebracht werden. Créqui selbst wurde als Gefangener auf die Festung Ehrenbreitstein bei Koblenz gebracht, aber schon bald auf freien Fuß gesetzt.

Die eindringenden deutschen Truppen hegten die Hoffnung, in der Stadt Beute machen zu können. Die Glücklicheren von ihnen drangen in den Dom ein, wo sie einige mit Gold und Silber gefüllte Krüge fanden. Die erbeutete französische Kriegskasse wurde auf 80000 Reichstaler geschätzt. Auch stürmte man Häuser, in denen Franzosen Quartier bezogen hatten, sowie die der Juden, die man bezichtigte, Handgranaten von den Mauern herab auf die Deutschen geworfen zu haben[15]. Unter dem Vorwand, nach versteckten Franzosen zu suchen, wurden auch die Klöster ebenso durchsucht wie die Häuser einiger Bürger. Schließlich verbot General von der Leyen, den der Kurfürst zum Statthalter von Trier ernannt hatte, jegliche Gewalttat. Die Franzosen mußten wieder einmal die Erfahrung machen, daß sie Trier nie zu ihrem Nutzen, sondern stets zu ihrem Schaden besetzt hätten. Und damit dieser Stein des Anstoßes sichtbar werde, scheint jene Warnung Ciceros nicht unpassend zu sein: „Meide die Trierer, weil sie Mordskerle sind“[16].

[15] Es muß sich dabei um eine Judenverfolgung nicht kleinen Ausmaßes gehandelt haben, denn die Erinnerung daran blieb bis in die jüngste Zeit erhalten, wie ein Gebet zur Erinnerung an die Verfolgung beweist, das noch bis zum Beginn dieses Jahrhunderts gebetet wurde. Zum Ganzen: G. Franz, Die Judenverfolgung in Trier 1675 und der Arzt-Rabbiner Tewle Wallich. In: Kurtr. Jahrbuch 1987. S. 81 ff.

[16] Es handelt sich um eine Anspielung an Ciceros Epistolae ad familiares 7, 13 an Trebatius in Gallien, wo er auf die römische Drei-Männer-Strafvollzugsbehörde hinweist. Tres viri sunt capitales. Der Chronist machte daraus ein Wortspiel einschließlich des Sinngehaltes der Wörter. Aus tres viri (drei Männer) machte er Treviri = Trierer. Da die Trierer aber über die abgezogenen Franzosen keine Strafen aussprechen konnten, wurde das Wort Capitales so gedeutet, daß die Trierer Furcht vor Strafe auslösen könnten oder (noch freier übersetzt), daß die Trierer Mordskerle seien.

30 Trier im Spanischen Erbfolgekrieg

Als die französische Diplomatie es durchgesetzt hatte, daß der sterbende spanische König den französischen Dauphin[1] zu seinem Nachfolger ernannte, schlossen Österreich, Holland und England am 7. November 1701 die sogenannte Haager Allianz, der Kurtrier 1702 beitrat. Der Trierer Kurfürst erhielt für diesen Schritt eine jährliche Subvention von 50000 Talern, wobei die Allianz sich verpflichtete, Trier und das Moseltal zu schützen.

Die Stadt Trier war in diesen Krieg von vorneherein von beiden Seiten in ihre Strategie einbezogen. Am 16. Oktober 1702 zogen etwa 5000 französische Soldaten auf Trier zu, besetzten die Stadttore und schlugen ihr Lager auf dem Marsfeld auf. Am 26. Oktober folgte das Gros der Armee mit 15000 Mann, die zahlreiche Geschütze und sonstiges Kriegsgerät mit sich führten. Auf der Eurener Flur, auf der anderen Moselseite, schlug die Armee ihr Lager auf. Auch wurde eine Schiffbrücke gebaut[2], wobei die Franzosen es jetzt selbst bedauerten, die steinerne Moselbrücke 13 Jahre zuvor zerstört zu haben[3]. Dann zogen die Franzosen am 27. und 28. Oktober zu Wasser und zu Lande nach Trarbach[4], das sie am 8. November 1702 eroberten. Im Frühjahr 1703 zogen sie sich indessen nach Lothringen zurück; in Trier blieb eine kleine Einheit von etwa 500 Mann in dem wiederaufgebauten Fort St. Martin, bei der gleichnamigen Abtei gelegen. Trier hatte jetzt über ein Jahr lang einigermaßen Ruhe.

Der Sieg der Alliierten bei Höchstädt (13. August 1704) machte dieser Ruhe ein Ende. Der Heerführer der Alliierten, Herzog Marlborough, verlagerte seine Aktionen an die Mosel, wobei er hoffte, das Herzogtum Lothringen zurückerobern zu

[1] Dauphin = Thronfolger.
[2] Sie führte vom Krahnentor zur anderen Moselseite.
[3] Die Brücke war am 28. 4. 1689 von den Franzosen gesprengt worden.
[4] Trarbach war die einzige Festung zwischen Trier und Ehrenbreitstein.

können. In St. Wendel schrieb er am 26. Oktober 1704 einen Brief, in dem er äußerte, ein wesentlicher Grund, nach Trier zu eilen, sei die Besorgnis, daß „die Franzosen, wenn sie nicht wagten, sich zwischen mich und die Stadt zu werfen, Lust bekommen könnten, Trier einzuäschern".

Am 28. Oktober 1804 erhielten die Trierer die Nachricht, daß Marlborough im Anmarsch auf Trier sei. Noch vor Tagesanbruch des 29. Oktober rückte die Vorhut seines Heeres unter dem Befehl seines Bruders, Churchill, auf Trier zu. Als dies die Franzosen erfuhren, verließen sie Trier, nachdem sie die Schiffbrücke zerstört hatten.

Während Marlborough sich selbst mit dem größeren Teil seiner Armee in die Winterquartiere in den Niederlanden zurückzog, ließ er in Trier eine 13 000 Mann starke Truppe zurück, die im wesentlichen aus dänischen, württembergischen und brandenburgischen Soldaten bestand. Ihnen gelang es, am 7. November Saarburg und am 18. Dezember Trarbach zurückzugewinnen.

Inzwischen wurden auf Befehl Marlboroughs auf den Höhen ober- und unterhalb Triers von der Pauliner Flur über den Marsberg (Petrisberg), den Dörfern Heiligkreuz, St. Medard bis nach Karthaus und Konz, und auf der anderen Seite der Mosel dem Apolloberg[5] in unermüdlicher Arbeit Schanzen, Palisaden und Gräben angelegt, wobei 6000 Bauern der Umgebung und alle Trierer Bürger zur Arbeit herangezogen wurden. Diese Arbeiten waren im Februar 1705 beendet.

Im Frühjahr 1705 sollten die Operationen an der Mosel beginnen. Es bestand folgende Planung: Marlborough sollte mit seinen Truppen über die Höhen der Moselberge nach Süden vorstoßen, während der Markgraf von Baden von der Saar aus den Angriff auf französisches Gebiet antreten sollte. Doch verzögerte sich das Ganze wegen des Todes Kaiser Leopolds I. (5. Mai 1705).

So kam Marlborough erst am 26. Mai 1705 nach Trier. Ihm folgte am 29. Mai eine große Armee von Engländern und Holländern – an die 40 000 Mann – mit Geschützen und zahlreichem Kriegsgerät. Sie bezogen Lager zwischen Igel und Trierweiler.

[5] Im Mittelalter bis zum 18. Jahrhundert Pulsberg genannt, heute Markusberg einschließlich des Höhenrückens, auf dem die Mariensäule steht.

Herzog Churchill von Marlborough

Man konnte nur staunen, wieviel Schiffe, auch solche von ungeheurer Größe, vom Oberrhein und Main, aus Holland und von der Themse, mit Proviant und Waffen beladen, um diese Zeit in Trier vor Anker gingen. In der Tat hatte Trier in diesen Tagen Überfluß an Lebensmitteln und Geld. So konnten sich die Trierer von den vielen von den Franzosen verursachten Schäden ein wenig erholen. Was ebenfalls bei der großen Anzahl Soldaten und bei der Verschiedenheit der Religionen[6] erstaunlich war: die Bürger erlitten weder Beleidigungen noch wurden ihnen Schäden zugefügt. Es herrschte eine sehr gute Disziplin.

So froh und erwünscht die Ankunft der Verbündeten in Trier war, so verhängnisvoll wirkte sich deren Abmarsch in Trier aus. Nachdem Anfang Juni ein großes Heer von etwa 80000 Mann bei Trier eingetroffen war und es sich am 3. Juni unter dem Befehl Marlboroughs anschickte, die Grenzen Frankreichs zu überschreiten und Diedenhofen und Metz zu erobern, da sperrten die Franzosen bei Sierck, einer durch eine Burg befestigten Stadt, ungefähr 10 Stunden von Trier entfernt, jeden Zugang durch Wälle, Schanzen und durch auf Hügeln aufgestellte Kanonen so ab, daß die Heerführer der Verbündeten es nicht für ratsam hielten, weiter vorzurükken, weil damit das Risiko starker Verluste der eigenen Truppen verbunden war.

Am 15. Juni befahl Marlborough den Rückzug; am 17. Juni war er wieder in Trier, um sich von dort nach Holland zu begeben[7]. Die Armee folgte ihm, erreichte am 19. Juni Konz und kehrte am 19. Juni in Eilmärschen nach den Niederlanden zurück.

Wir glauben allerdings, daß der Abzug der verbündeten Truppen auf den Ratschluß Gottes zurückzuführen war, weil die Franzosen von der ihnen drohenden Niederlage bewahrt werden sollten. Denn in diesen Tagen übte alles Volk in Frankreich Buße durch Gebet und Fasten. Während der Fronleichnamsoktav wurde das Allerheiligste in einem hierzu aufgebauten Zelt im französischen Lager bei Diedenhofen ausgesetzt, und alle Offiziere und Mannschaften zeigten eine beachtenswerte Frömmigkeit. Und es ist glaubwürdig, daß diese Frömmigkeit die englischen und holländischen Soldaten, die ja Feinde des katholischen Glaubens sind, ver-

6 Die Holländer waren Reformierte, die Engländer Anglikaner.

7 Der wirkliche Grund für den Rückzug der Verbündeten war der Einfall französischer Truppen in Holland.

trieb. Auch die zur Verteidigung Triers zurückgelassenen 6000 Soldaten verschwanden am 25. Juni nachts, nachdem sie ihren Proviant in die Mosel geworfen und ihre Schiffe verbrannt hatten, ohne daß ein Feind sie bedroht hätte. So konnten die Franzosen, gleich einer sich erneuernden Hydra, mühelos Trier wiederbesetzen, und das von den Verbündeten zurückgelassene Kriegsgerät einschließlich der Geschütze fiel ihnen als Kriegsbeute anheim. Die unter großen Kosten errichteten Verteidigungslinien, Wälle und Schanzen wurden dem Erdboden gleichgemacht. Auch begannen die Franzosen, das Kloster St. Martin mit dem dort befindlichen Fort wieder zu befestigen. Wiederum mußten die Trierer unter dem Joch der Franzosen leiden.

Von Kriegshandlungen blieben die Trierer in den folgenden Jahren verschont, nur daß die Stadt laufend eine französische Besatzung hatte, die die Bürger Triers ernähren mußten. Von 1713 an wurde diese Besatzung immer größer. Bis zum Herbst 1714 lagen 11 000 Franzosen mit 800 Offizieren in Trier und Umgebung. Am 18. September 1714 zerstörten sie die Schanze St. Martin, und am 29. November zogen sie ab, nachdem 1713 zwischen den Verbündeten und Frankreich ein Friede[8] geschlossen worden war und 1714 auch der Kaiser und das Reich sich mit Frankreich verglichen hatten[9].

[8] Friede von Utrecht.
[9] Friede von Rastatt und Baden-Baden. Landau, Straßburg und das Elsaß blieben französisch.

31 Trier im Polnischen Erbfolgekrieg

Im Jahre 1734[1] wurde der Friede zwischen Kaiser Karl VI. (1711–1740) und dem König von Frankreich, Ludwig XV. (1715–1774) gebrochen. Ludwig begründete seine Kriegserklärung mit dem Argument, daß er das Unrecht, das man seinem Schwiegervater Stanislaus Leszczynski angetan habe, rächen müsse. Worum ging es? Nach dem Tode König Augusts des Starken im Jahre 1733 hatten die Polen Leszczynski zu seinem Nachfolger gewählt. Er war aber nicht inthronisiert worden, weil der Kaiser, das Reich und Rußland sich für den Sohn Augusts des Starken, Kurfürst Friedrich II. von Sachsen, als König von Polen aussprachen. Auch Kurtrier stellte in Erfüllung der Reichspflicht ein Bataillon zur Verfügung.

Am 8. April 1734 kam der Metzer Gouverneur, Graf von Belle-Isle, mit 18000 bis 20000 Mann nach Trier und besetzte die Stadt. Auch Saarburg fiel in seine Hände. Dem Kurstaat Trier wurde eine schwere Kontribution auferlegt. Ein Erlaß vom 8. April forderte bereits 800000 Rationen, darunter täglich 60 Kühe. Gleichzeitig wurden aus unseren Wäldern[2] 300 Bäume gefällt für Befestigungen an der Konzer und der steinernen Brücke in Trier[3]. Zum gleichen Zweck wurden die Komturei St. Johann (bei der Römerbrücke) und einige Bürgerhäuser abgerissen[4].

Dann rückte Belle-Isle nach Trarbach, das er nach 14tägiger tapferer Gegenwehr durch Verrat am 2. Mai 1734 einnahm; die dortige Befestigung ließ er zerstören. Am 6. Mai wurde zwischen dem Metzer Intendanten[5] Marquis de Creil und den Vertre-

[1] In Wirklichkeit 1733, da die französische Kriegserklärung an den Kaiser am 10. 10. 1733 erfolgte.
[2] Der Verfasser dieses Teils der Chronik war der Prior Reichwein von der Abtei St. Matthias; es handelte sich also um einen Wald dieses Klosters.
[3] Die Römerbrücke in Trier.
[4] 15 Bürgerhäuser wurden in der Nähe der Römerbrücke abgerissen. Deshalb trug der untere Teil der heutigen Karl-Marx-Straße bis 1946 den Namen „Schanzstraße“.
[5] Heeresproviantverwalter.

tern der erzstiftischen Landstände eine Übereinkunft getroffen, wonach das Kurfürstentum Trier als Brandschatzung 34000 Livres, anstelle von 100000 Fourage-rationen 150000 Livres, für eine Schiffbrücke 10000 Livres und für Feuerung und Licht für die Soldaten 5000 Livres zu zahlen hatte. Im September desselben Jahres mußte das Erzstift wiederum 400000 und im Frühjahr 1735 gleichviele Rationen für die in Trier im Winterquartier liegenden Soldaten liefern; es waren dies 900 Offiziere und 12000 Mann. In unserem Kloster (St. Matthias) lagen acht Kompanien[6]. Auch unser Hospital[7] besetzten die Franzosen; die dort wohnenden Armen vertrieb man in Kelterhäuser und Ställe. Auch Belle-Isle kehrte im Frühjahr 1735 nach Trier zurück, zog dann an die Mittelmosel, wo er in Bernkastel eine Schiffbrücke erbauen ließ. Das dortige Hospital und das Dorf Irmenach ließ er befestigen. Ende September 1735 rückte der kaiserliche Marschall Graf von Seckendorf von Mainz über den Hunsrück ins Moseltal, wo er vier Schiffbrücken, zwei in Trarbach, eine in Bernkastel und eine vierte in Lieser, errichten ließ. Am 10. Oktober besetzte er den Paß zu Klausen.

Mittlerweile hatte der französische General Doubigny, der den ganzen Sommer bei Andel stationiert gewesen war, sich nach Trier abgesetzt, wo er mit seinen Truppen auf der Pauliner Flur Lager bezog. Ihm kam Belle-Isle am 15. Oktober 1735 mit 18000 Mann zu Hilfe; er ließ bei St. Jost bei Biewer und in Pfalzel je eine Schiffbrücke bauen. Die Infanterie lagerte auf den anliegenden Höhen, die Kavallerie auf den Fluren.

Inzwischen hatte Seckendorf die französischen Vorhuten aus Lieser, Maring, Osann und Klausen vertrieben; zur Bewachung des Klausener Passes ließ er 200 Husaren zurück, gegen die Belle-Isle 800 Mann einsetzte. Da sie aber von Seckendorfs Truppen zurückgeschlagen wurden, konnte Klausen jetzt mit 6000 Grenadieren, die über sieben Kanonen verfügten, gesichert werden.

[6] Wegen der hohen Kontributionen hatte der Kurfürst seinen Weihbischof Lothar Friedrich von Nalbach nach Versailles (September bis November 1734) entsandt. Er erreichte aber nur geringfügige Erleichterungen. Am 8. 4. 1734 waren auch die Trierer Bürgermeister Cramer und Boddem nach Metz gefahren, um für Trier Erleichterung zu erbitten.

[7] Es handelt sich um das St. Nikolaus-Hospital bei der Abtei St. Matthias, das in der Trägerschaft dieser Abtei stand.

Da Belle-Isle sich den deutschen Truppen nicht gewachsen glaubte, rief er General Graf von Cougny, der am Rhein stand, zu Hilfe; er kam mit seinen Truppen am 17. Oktober in Trier an[8].

Am 19. Oktober rückte das vereinigte französische Heer zur Hetzerather Heide, wo es Lager bezog. Am Morgen des 20. Oktober griffen die Franzosen die Deutschen bei der Escher Brücke und der Rivenicher Mühle an, wurden aber von einem fürchterlichen Geschützfeuer empfangen. Belle-Isle fiel verwundet vom Pferde, der Herzog von Béthune starb ebenso wie ein königlicher Prinz und über 300 Offiziere an den empfangenen Verwundungen. Außer 900 Verwundeten hatten die Franzosen viele Tote. In großer Verwirrung zogen sie sich am 22. Oktober zurück. Da die Deutschen sie nicht verfolgten, plünderten sie unter dem Vorwand, Fourage einzutreiben, die Ortschaften Hentern, Lampaden, Baldringen, Paschel, Sehr, Pellingen, Krettnach, Oberemmel, Wiltingen, Konz, Pfalzel, Ehrang, Trierweiler, Ruwer, Schweich, Issel, Föhren (das sie niederbrannten) und einige herrschaftliche Höfe. Alles in der Umgebung Triers zerstörten sie. Sie raubten die Trauben von den Weinstöcken, das Gemüse und das Obst in den Gärten und wandelten alle Olken[9] in Befestigungen um. Um Schanzen anzulegen, ließ Belle-Isle den ganzen St. Maximiner Wald bei Grünhaus und den Ehranger sowie den Pfalzeler Wald abhauen[10]. Die Abtei St. Martin wurde, nachdem man die Mönche vertrieben hatte, in ein Lazarett umgewandelt.

Graf von Seckendorf folgte den Franzosen nur langsam[11]. Am 29. Oktober 1735 stand das Gros seiner Armee links der Ruwer gegenüber Pfalzel; Vorausabteilungen aber waren schon auf den Feldern bis St. Maximin und St. Marien mit Kanonen stationiert. Die Franzosen beschossen vom Ruwerer Berg (rechts der Ruwer) und von der Biewerer Flur die Deutschen, die von ihren Stellungen aus das Feuer erwiderten. Durch die Besetzung der Felder hatten die Trierer, aber auch die Bewohner

[8] Wyttenbach zitiert in einer Anmerkung folgenden Satz aus einer anderen Trierer Chronik: „Im October sind eine solche Menge Franzosen nach Trier angekommen, daß man hätte annehmen können, sie würden nicht uns allein auffressen, sondern gantz Deutschland."

[9] Moselfränkischer Ausdruck für Gärten und Weinberge.

[10] Hier übertreibt der Chronist offensichtlich.

[11] Schon seit 1734 verhandelten die feindlichen Mächte; insofern hatte das Gefecht bei Klausen eine gewisse Bedeutung.

Nach der Schlacht bei Klausen wird das von den Franzosen besetzte Trier von deutschen Truppen, die auf den Feldern links der Ruwer bis nach St. Maximin und St. Marien stationiert sind, belagert. Die französischen Truppen stehen auf den Höhen von Ruwer und auf den Feldern zwischen Pfalzel und Biewer.

der Vororte starke Ernteausfälle. Dies galt besonders für das Obst, zumal die Franzosen im Winter 1734/35 viele Obstbäume, darunter die Obstbaumallee zwischen Paulin und Ruwer, abgeholzt hatten, um sie als Brennholz zu verwenden.

Am 10. November schlossen die beiden Gegner einen Waffenstillstand. Die Trierer hielten diesen Zustand für wünschenswerter als die gewaltsame Vertreibung des Feindes. Sonst aber änderte sich nichts. Die Franzosen hielten weiterhin die Stadt besetzt, wo sie auch ihre Winterquartiere beibehielten und damit Bürger und Klöster belasteten.

Schließlich wurde am 10. November 1735 in Wien ein Vorfriede[12] geschlossen, durch den der Kurfürst von Sachsen, Friedrich August, als König von Polen anerkannt wurde und Stanislaus Leszczynski als Entschädigung das Herzogtum Lothringen (mit Nancy als Hauptstadt) bekam; es fiel nach seinem Tode an Frankreich (1766).

Der Abzug der Franzosen erfolgte indessen erst im Februar 1737. Am 3. Februar trafen kurtrierische Truppen in Pfalzel ein, wo sie bis zum Morgen des 8. Februar blieben. Eine halbe Stunde nach 8 Uhr wurde ihnen das Simeonstor geöffnet und sie von General Doubigny zum Markt geleitet, wo ihnen von den Franzosen die Stadtwache übergeben wurde. Dabei gaben die Trierer durch verschiedene Musikinstrumente auf dem Gangolfsturm ihrer Freude über die Ankunft der erzstiftischen Truppen Ausdruck. Dann begleiteten die beiden Bürgermeister und der Rat die französischen Truppen zum Neutor, wo ihnen von den Franzosen die Torschlüssel übergeben wurden. Anschließend rückten die Franzosen ab. Man hat des öfteren sagen hören, „daß bei Menschengedenken kein sonderlicher Krieg sey gewesen", und so war auch das Ende. Die Trierer zündeten keine Freudenfeuer an, aber sie dankten Gott, daß wieder Friede herrschte.

[12] Der endgültige Friede wurde erst 1758 geschlossen.

32 Aufstand Trierer Bürger gegen die kurfürstliche Regierung

Während bisher die Kurfürsten den Städten im großen und ganzen viele Freiheiten gelassen hatten, wurde dies unter dem letzten Trierer Kurfürsten Clemens Wenzeslaus von Sachsen (1768–1794) anders. Dieser Fürst führte eine zentralistische Regierungsform ein. Auf wirtschaftlichem Gebiet wollte er die Vorrechte der Zünfte beseitigen (1769). Unmut hatte auch die Tatsache ausgelöst, daß der Kurfürst 1777 den Grundstein zu einem Schloß in Koblenz gelegt hatte[1], woran erkennbar war, daß diese Stadt endgültig die Hauptstadt des Kurfürstentums Trier werden sollte, ferner, daß er ein Brandinstitut gründete, dem alle Hausbesitzer beitreten sollten. Die Schätzung der Häuser aber mußte gegen den Widerstand der meisten Trierer durchgeführt werden.

Die französische Revolution wirkte sich auch auf Trier aus. Aus den bisherigen Beschwerden entwickelte sich ein förmlicher Aufstand. Im August 1789 fand man in Trier an mehreren Plätzen Plakate angeheftet, deren Inhalt die Bürgerschaft zum Aufruhr und zu Tätlichkeiten aufzustacheln versuchte. Unter anderen Punkten, die man darin zur Sprache brachte, hieß es, der Kurfürst wolle die Universität von Trier nach Koblenz verlegen und auch die Güter des Städtischen Hospitals und des Priesterseminars von Koblenz aus verwalten lassen. Ferner wurde behauptet, daß der Kurfürst das Stapelrecht[2] der Stadt abschaffen wolle. In Trier habe er die Prozes-

[1] Das Koblenzer Schloß, von dem französischen Architekten Peyre d.J. erbaut, wurde im Jahre 1786 vom Kurfürsten bezogen, war aber erst 1792 völlig fertiggestellt.

[2] Das Stapelrecht zwang alle Schiffe, die Trier berührten, ihre mitgeführten Waren zunächst den Trierer Bürgern anzubieten. Seit langem verlangte Frankreich die Abschaffung dieses Stapelrechts, weil es den französischen Handel, vor allem aus Lothringen, belästigte.

sionen[3] verboten, während in Koblenz solche in größter Pracht abgehalten würden. Schließlich enthielten die Plakate noch einige schlechte Verse[4], in denen man versuchte, das, was gerade in Paris geschehen war, nachzuahmen.

Am 4. September versammelten sich die Vertreter der Zünfte. Zwar hatte der Kurfürst eine Kommission eingesetzt, die die Trierer Klagen prüfen sollte. Aber damit war die Ruhe nicht wiederhergestellt; das Feuer glimmte unter der Asche und schien im geheimen unterhalten zu werden. Dies zeigte sich, als am 23. Oktober einige Bürger sich auf dem Kornmarkt versammelten, sich der Trommel der Bürgerwache bemächtigten, durch die Straßen zogen und die Bürger zu den Waffen riefen. Ein Aufruhr brach aus, und der Lärm wurde immer stärker.

Mittags um 12 Uhr versammelten sich die Zünfte auf dem Kornmarkt, und die Wortführer einer blinden, aufgehetzten Masse, die leichter aufzuwiegeln als zu beruhigen war, forderten, daß die Mitglieder der Kurfürstlichen Kommission im Rathaus zu erscheinen hätten. Deren Mitglieder gaben der Forderung nach. Jetzt brachte man im Rathaus außer den alten noch eine Menge neuer Beschwerden vor, die sofort entschieden werden sollten. Die Zunftvertreter wollten nicht begreifen, daß die Kommission gar keine Befugnis hatte, über die vorgebrachten Beschwerden nach Recht und Billigkeit zu entscheiden.

Die Stadt befand sich in einem bösen Zustand. Mißtrauen, Zwietracht und Streit herrschten unter den Bürgern. Die Stadttore wurden geschlossen und erst am 27. Oktober wieder geöffnet.

[3] Es ging hier hauptsächlich um die Palmeselprozession und dann um die Karfreitagsprozession, in der von Adam bis Christus alle wichtigen Figuren des Alten und Neuen Testamentes allegorisch dargestellt wurden. Sie übten eine große Anziehungskraft aus, so daß stets Tausende von auswärts nach Trier kamen, um dieses Schauspiel zu erleben. Hier spielten also auch wirtschaftliche Gesichtspunkte eine Rolle.

[4] Der Text des Plakates warf dem Kurfürsten zunächst vor, daß er die Stadt Trier vernachlässige. Sein Vorgänger Johann Philipp von Walderdorff habe mit dem Neubau des Südflügels des Kurfürstlichen Palastes begonnen. Der neue Kurfürst habe den Palast zu einer Kaserne degradiert und sich in Koblenz ein Schloß gebaut, zu dessen Inneneinrichtung fast alle Möbel aus dem Trierer Palast nach Koblenz gebracht worden seien. Die Verse enden:

Bürger, wehret Euch, Ihr werdet durchdringen!
Ihr habt das Recht in Eurer Hand.
Ihr werdet mit den Parisern singen:
Es lebe der Bürgerstand! Vivat!

Der letzte Trierer Kurfürst Clemens Wenzeslaus von Sachsen

Am 5. November 1789 erschien ein Bote des Reichskammergerichtes zu Wetzlar in Trier und heftete an der Steipe und am Eingang der Universität[5] eine am 31. Oktober erlassene gerichtliche Verfügung an, worin die Trierer Bürger aufgefordert wurden, „von allem Auflauf, Selbsthilfe, Zusammenrottierung, Aufruhr und Empörung abzustehen und zu einem friedlichen, gehorsamen Betragen gegen ihren Landesfürsten gemäß ihrem Huldigungseid" zurückzukehren. Sie sollten ihre Beschwerden dem Kurfürsten und der von ihm gebildeten Kommission in „geziemender Unterwerfung" einreichen und das Ergebnis der Untersuchung in Ruhe abwarten. Sollte dieses Gerichts-Mandat nichts nützen, so würden die Aufwiegler mit der Konfiskation ihres Besitzes, und, je nach Sachlage, auch mit „Leib- und Lebensstrafen" zu rechnen haben.

Nun gaben die Zünfte nach. Im Rathaus versammelt, erklärten sich die Vertreter der Zünfte bereit, vor der kurfürstlichen Kommission, dem Stadtmagistrat, dem Dompropst[6] von Walderdorff und dem Domkapitular Graf von Kesselstatt, die beide vom Pöbel und dem schlechteren Teil der Bürgerschaft beleidigt worden waren, Abbitte zu leisten. Dies geschah am 5. November.

Nachdem der Stadtmagistrat dies dem Kurfürsten gemeldet hatte, erklärte dieser, daß es sein Wille sei, die Vorfälle vom 23. Oktober zu vergessen. Es fehle ihm zwar nicht an Mitteln, um jede Störung der öffentlichen Ruhe mit allem Nachdruck bestrafen zu können, „allein die Abbitte der Bürgerschaft und die über diesen Vorgang bezeigte Reue hätte das Herz des Fürsten so gerührt, daß niemand unglücklich gemacht werden soll".

Im übrigen habe die Stadt nichts zu verlangen, was ihr nach der Verfassung nicht zustehe.

[5] Das ehemalige Jesuitenkolleg in der Jesuitenstraße, erweitert um den Aulaflügel.
[6] Der Dompropst war, mit wenigen Ausnahmen, stets der Statthalter des Kurfürsten in Trier.

33 Der Feldzug in die Champagne (1792)

Der Ausbruch der Französischen Revolution (1789) und ihre Fortentwicklung konnten die deutschen Fürsten nicht gleichgültig lassen. Betroffen war vor allem der Trierer Kurfürst, dem als Metropolit die Diözesen Metz, Toul, Verdun, Nancy und St. Dié und als Erzbischof französische Landesteile unterstanden. Hinzu kam, daß er der Onkel des französischen Königs war und daß infolgedessen die meisten Emigranten im Erzstift Trier Unterkunft suchten, dabei aber bald begannen, vor allem in Trier und Koblenz ein Emigrantenheer aufzubauen.

Obwohl am 25. Juli 1791 ein österreichisch-preußisches Abkommen bezüglich eines gemeinsamen Auftretens gegenüber der Französischen Revolution abgeschlossen worden war, versuchte der Trierer Kurfürst unter dem Druck der trierischen Landstände, neutral zu bleiben.

Als aber der französische König am 20. April 1792 dem König von Ungarn, Franz II., der am 5. Juli 1792 zum Kaiser gekrönt wurde, den Krieg erklärte und der preußische König Friedrich Wilhelm II. (1786–1797) sich mit Franz II. solidarisierte, war es klar, daß dieser Krieg auch das Erzstift Trier berühren würde, zumal das Moseltal immer einer der Heerwege gewesen war, die bei Kriegen zwischen Frankreich und dem Kaiser bzw. Österreich benutzt wurden.

Die preußischen Heeresteile, die sich Ende Mai 1792 in Marsch gesetzt hatten, vereinigten sich in Koblenz. Von dort aus fing die Armee an, in verschiedenen Kolonnen in Richtung Trier zu marschieren. Am 1. August kamen die ersten preußischen Soldaten, 150 Husaren, in Trier an. Am 3. August erreichte ein großer Teil der preußischen Armee Schweich; jetzt mußten alle französischen Emigranten Trier verlassen und aufs Land ziehen. Am 5. August kam die königliche Feldequipage; auch passierten ununterbrochen Husaren und Kürassiere die Stadt, während die Infanterie-

Regimenter außerhalb der Stadtmauern verblieben. Gegen 10 Uhr kam der preußische König zu Pferde. Er war begleitet von seinen Söhnen, dem Kronprinzen und dem Prinzen Ludwig. In der Umgebung des Königs sahen wir den Herzog von Braunschweig, den Herzog von Weimar und mit ihm Goethe, den berühmten Dichter von Werthers Leiden, Tasso und Iphigenie. König Friedrich Wilhelm II. führte sein Heer in ein Lager bei Konz, während er sein Hauptquartier in der Kartause nahm. Seine Truppen zelteten in der Gegend, wo Mosel und Saar zusammenfließen.

Das preußische Heer bestand aus 47 Bataillonen Infanterie und 70 Schwadronen Kavallerie, ohne die Artillerie. Am 6. August kamen noch einige Kanonen im Konzer Lager an, so auch die Schiffbrücken. An diesem Tage, nachmittags um 3 Uhr, ritt der König zur Stadt und sah sich einige Sehenswürdigkeiten an, darunter die St.-Simeons-Kirche, die sein besonderes Interesse fand. Gegen Abend ritt er zur Kartause zurück.

Am 7. August war schon eine Schiffbrücke über die Mosel geschlagen; sie endete in der Gegend zwischen Igel und dem Zewener Turm[1].

Am 12. August brach die preußische Armee auf und rückte am ersten Tage bis nach Remich vor.

Am 18. und 20. August brach auch die Emigrantenarmee aus ihrem Lager auf der Pauliner Flur auf, desgleichen das Hessische Korps. Am 20. August bezogen 18000 kaiserliche Truppen ein Lager bei Konz, aber nur für einige Tage.

Am 1. Oktober wurde Trier in Angst und Schrecken versetzt. Es verbreitete sich das Gerücht, 8000 Franzosen seien auf dem Marsch nach Trier. Die trierischen Soldaten, etwa 800 Mann stark, bezogen mit ihren Kanonen die Pellinger Schanzen. Die Bürgerschützengesellschaft bekam scharfe Munition. Auf dem Kornmarkt standen alle Feuerspritzen der Stadt in Bereitschaft. Der Magistrat blieb bis 1 Uhr nachts versammelt. Am 3. Oktober kamen die trierischen Soldaten wieder zurück. Der 6. Oktober war ein kummervoller Tag, denn die kurtrierischen Truppen bekamen den Befehl, nach Koblenz zu ziehen, wo man ebenfalls einen feindlichen Überfall befürchtete. Der Kurfürst hatte sich bereits nach Augsburg abgesetzt.

[1] Zollturm. Etwa hundert Meter in Richtung Igel lag die trierisch-luxemburgische Grenze.

Die Kanonade von Valmy (1792)

Inzwischen hatte am 20. September bei Valmy die gewaltige Kanonade stattgefunden, bei der der Kanonenbeschuß über 14 Stunden dauerte und über 20 000 Schüsse abgefeuert wurden. Die Franzosen behaupteten ihre Stellungen. Dies war der Grund für den Abzug der verbündeten Heere. Dabei herrschte schlechtes Wetter.

Bereits am 13. Oktober wurde das verzweiflungsvolle Elend der französischen Emigrantenarmee offenbar. Ihr folgte nach und nach die preußische Armee, von Not und Krankheit geplagt. Wer dieses Heer in seiner guten Haltung im August gesehen hatte, dem schauderte es jetzt bei dem Anblick der Zerrüttung. Am 31. Oktober kam auch der König von Preußen in Trier an. Er stieg im Hause des Dompropstes am Domfreihof ab.

Am 1. November zogen noch viele Kavalleristen durch die Stadt. Am gleichen Tage kam auch der preußische Kronprinz (der spätere König Friedrich Wilhelm III. (1797 bis 1840) in Trier an; er wohnte im Trierischen Hof. Am 2. November verließ der König, am Tage danach der Kronprinz Trier. In den nächsten Tagen und Wochen zogen immer mehr Elendshaufen an uns vorbei. Tausende von kranken Soldaten lagen in den überfüllten Spitälern. Viele, die keine Unterkunft fanden, lagen auf der Straße im Dreck, Regen und Wind; sie fanden nicht einmal ein ruhiges Lager zum Sterben. Eilig wurden die Leichen auf Wagen geladen, fortgebracht und notdürftig begraben. Dabei geschah es, daß Halbtote beerdigt oder in die Mosel geworfen wurden. Da der Friedhof am Zuckerberg keinen Platz mehr bot, wurden die toten Soldaten im Schießgraben oder auch in angelegenen Plätzen und anderen Orten heimlich beigesetzt. In den Straßen lagen tote Pferde; überall herrschte ein häßlicher Gestank wegen der grassierenden Ruhr, die auch Trierer Bürger befallen hatte.

Der Rückmarsch der Truppen dauerte bis Mitte des Monats November. Den Österreichern[2] unter General Brentano[3] war es aufgegeben, Trier zu schützen. 1200 Mann waren in der Stadt in Quartier, während 200 berittene Soldaten in St. Matthias lagen. Ihre Zahl wurde aber bald größer, und man begann, Gräben, Schanzen und Redouten bei Tawern, Olewig, Pellingen, in Kürenz, im Avelertal, auf dem Grüneberg und bei Ruwer anzulegen.

[2] Die Begriffe „Österreicher“ oder „kaiserliche Truppen“ sind identisch.
[3] General Anton Joseph Brentano, Baron von Cimaroli (1745–1793).

Bald wurde Trier bedroht. Während der französische General Custine mit einem Heer am Oberrhein stand, der General Dumouriez am Niederrhein operierte, führte in der Mitte von beiden der Obergeneral der Moselarmee, Bournonville, ein starkes Heer gegen Trier, um von dort zum Rhein vorzustoßen.

Am 1. Dezember wurde in Trier Alarm gegeben. Es hieß, die Franzosen seien im Hochwald durchgebrochen und schon in Fell, Waldrach, Casel und Gutweiler gesichtet worden. Daraufhin wurden die Schanzen bei Pellingen mit kaiserlichen Truppen wesentlich verstärkt. Auch die Schanzen auf dem Mars- und Grüneberg erhielten Besatzungen. Am 3. Dezember hatten die Österreicher mit den Franzosen an mehreren Stellen zu kämpfen; bis 5 Uhr abends hörte man das Böllern der Kanonen. Die kaiserlichen Truppen kamen überhaupt nicht mehr zur Ruhe und mußten ganze Nächte in Eiseskälte und nasser Witterung auf dem flachen Felde zubringen. Am 4. Dezember wurden kaiserliche Vorposten nach Ruwer gelegt. Bei Grünhaus wurden die Franzosen zurückgeschlagen; sie hinterließen 20 Tote. Sie konnten zwar von den östlichen Höhen Trier sehen, aber sie wagten es nicht, in den Trierer Talkessel einzudringen.

Am gleichen Tage ließ der französische Obergeneral dem Trierer Stadtmagistrat ein Schreiben überreichen, worin er die Bürgerschaft aufforderte, sich der französischen Nation anzuschließen; in diesem Falle werde die Stadt verschont. Der kaiserliche General, Fürst von Hohenlohe, verbot aber dem Magistrat, den Brief zu beantworten. Der Bevölkerung durfte nur das bekanntgegeben werden, was sich nicht auf die Ideen der französischen Revolution bezog.

Am 15. Dezember 1792 machten die Franzosen einen letzten Versuch, Trier zu erobern. Im Könener Wald, bei Kanzem, Wawern und auf dem Grüneberg versuchten sie, die deutschen Stellungen zu durchbrechen. Aber ihr Versuch scheiterte am Widerstand der kaiserlichen Truppen, die eine Menge französischer Gefangener nach Trier brachten.

Am 21. Dezember brachen die Franzosen ihre Angriffe ab und zogen sich nach Saarlouis zurück. Trier war noch einmal davongekommen.

34 Trier wird von den Franzosen erobert – Das Ende des Kurfürstentums Trier

Als das für Trier und das ganze Erzstift so bedeutungsvolle Jahr 1794 begann, beherrschte nach wie vor die Furcht die Gemüter der Menschen.

Ungeachtet dieses bangen und gefahrvollen Zustandes der Stadt Trier gab es doch im Winter 1793/1794 eine ungewöhnliche Anzahl von Tanzlustbarkeiten, so als wolle man mit Bällen die Gefahr und das Elend verscheuchen. Dieses leichtsinnige Verhalten der Trierer mußte den besonnenen Beobachter an die strafenden Worte Salvians[1] erinnern, die er im 5. Jahrhundert den trotz ihres großen Elends nach Lustbarkeiten des Zirkus und des Theaters haschenden Trierern zugerufen hatte. Schließlich ordnete der Trierer Kurfürst an, daß der Stadtmagistrat von Trier Bälle und Maskeraden „in diesen betrübten Zeiten" verbieten solle.

Die militärische Situation Triers wurde mit jedem Tag schwieriger. Am 3. Februar 1794 ersuchte der Kurfürst den Königlichen Feldmarschall von Möllendorf um Hilfe für die von den Franzosen bedrohten Orte Birkenfeld, Morbach und Bernkastel. Der Feldmarschall erwiderte am 6. Februar, er habe sofort 10 Escadrons[2] und vier Bataillone nebst Artillerie nach Kirchberg geschickt, um die dortige Gegend zu schützen. Diese Nachricht und die Aussicht, daß in Kürze das Blankensteinsche Korps auf 10 817 Mann Infanterie und 2395 Mann Kavallerie verstärkt würden, beruhigte die Gemüter für einige Zeit. Aber schon bald änderte sich die Stimmung. Es wurde bekannt, daß der König von Preußen die Verpflegung seiner Truppen auf Kosten des Reiches verlange, widrigenfalls er seine Armee zurückziehen werde.

[1] Salvian, gallischer Rechtsgelehrter, geb. um 400 in Trier oder in Köln, † um 480. Er schrieb acht Bücher „De gubernatione Dei" (um 440). Darin schildert er den Untergang des Römischen Reiches und tadelt u.a. die Trierer, die angesichts tödlicher Gefahren (mehrfache Zerstörung der Stadt durch Franken) auf ihre Lustbarkeiten nicht verzichten wollten.

[2] Altes Wort für Schwadron.

Bürgermeister und Rat übergeben die Stadt an die französischen Revolutionstruppen (1794)

Trier war man sich klar darüber, daß in diesem Fall Trier verloren sei, weil die kaiserlichen Truppen allein Trier nicht halten könnten.

Im Mai wurde in der Nähe der kurtrierischen Stadt Merzig heftig gekämpft; dabei konnten 800 Mann einen dreimaligen Sturm auf die dortigen Schanzen abwehren. Bald darauf kamen 1200 Mann kurtrierischer Soldaten nach Trier; sie wurden sofort in den Merziger Raum beordert. Auch hatte man in den vier Redouten bei Nonnweiler, Abentheuer, Sauerbrunnen[3] und Heiligenbüsch[4] Kanonen in Stellung gebracht und für diese Plätze Milizen aufgeboten.

Aber schon bald wurde das Blankensteinsche Korps durch Abzug von Truppen geschwächt. Furcht und Angst herrschten überall; der sichere Zufluchtsort war ein Rätselspiel.

Vorbereitungen zur Flucht setzten ein, wobei die Schiffsleute gute Geschäfte machten. 500 Taler forderte man, um die Sachen des Stifts St. Paulin nach Koblenz zu bringen. Am 17. Juli rückten die Franzosen in Merzig ein, nachdem die trierischen Truppen sich zurückgezogen hatten. Am 22. Juli wurden alle Kranken der kaiserlichen Armee, über 300 Mann, mit Schiffen nach Koblenz gebracht. Am gleichen Tage verfügte der Kurfürst, daß alle Insassen von Klöstern ihre Häuser verlassen dürften; das nämliche wurde den Alumnen des Priesterseminars gestattet. Auch teilte an diesem Tage Feldmarschall von Möllendorf mit, daß es ihm unmöglich scheine, Trier zu halten.

Daraufhin begannen der Adel und die wohlhabenden Bürger, ihre Wertsachen von Trier wegzubringen. Die Schreiner kamen kaum nach, Kisten und Truhen herzustellen. Das Bettelvolk aber und das Gesindel waren von Jubel erfüllt; sie erwarteten voll Freude die Ankunft der Franzosen. Am 26. Juli wurde die 15 Stunden von Trier entfernt liegende Stadt Kusel durch Feuer von den Franzosen weitgehend zerstört.

Am 1. August marschierten Truppen in die Gegend von Zerf, während die Fourage-Magazine nach Luxemburg gebracht wurden. Am 5. August wurden alle Lazarette

[3] Vielleicht der Sauerbrunnen zwischen Birkenfeld und Hüttgeswasen (an der Straße nach Morbach gelegen).
[4] Büschfeld bei Nunkirchen?

geräumt und die kranken oder verwundeten Soldaten nach Koblenz gebracht. Am 6. August kamen allerdings weitere Truppen in Trier an, um den Versuch zu machen, dem Vormarsch der Franzosen Einhalt zu gebieten. Das Schießen war in Trier zu hören. Am 6. und 7. August kamen zahlreiche Soldaten von der Saarfront nach Trier. Dies sah man als ein schlechtes Omen an, weshalb weitere Trierer Bürger flüchteten. Andererseits kamen aus den benachbarten Dörfern viele Landbewohner nach Trier, weil sie glaubten, in der Stadt sicherer zu sein. Aus dem kurfürstlichen Palast wurde alles, was noch von einigem Wert war, auf Schiffe gebracht. Diese Abwanderung war durch das Beispiel der französischen Emigranten angeregt und durch den in Frankreich herrschenden Terror stark genährt worden. Durch diese Abwanderungen verlor Trier nicht nur große Summen baren Geldes, sondern auch wertvolle silberne Geräte, Pretiosen, Handschriften, Urkunden und Akten, von denen zu fürchten ist, daß sie niemals nach Trier zurückkehren werden[5].

Es beginnt der letzte Akt im großen Drama der Gesta Treverorum. Das Verhängnis naht mit großen Schritten. Die trostlose Gewißheit des Augenblicks wird immer größer.

Am 7. August besetzten die Franzosen Grevenmacher. An demselben Tage kamen etwa 2000 Mann kurkölnischer Soldaten, die zur Verstärkung der kaiserlichen Truppen in den verschiedenen Schanzen postiert gewesen waren, nach Trier, das sie aber bald verließen, um sich dem Kampfe zu entziehen.

Am 8. August veranstalteten die Trierer eine Buß-Prozession durch die Straßen der Stadt; anscheinend wollten sie wiedergutmachen, was sie im Winter 1793/1794 gefehlt hatten. Bei Pallien wurde eine Schiffbrücke gebaut. Auf dem Markusberg standen einige Kanonen, um die Rückzugsstraßen und die Schiffbrücke zu schützen. Nachmittags um 3 Uhr hörte man starken Kanonendonner aus Richtung Pellingen. Um 4 Uhr hörte der Beschuß auf; die Franzosen hatten die Schanzen gestürmt und eingenommen. Viele Verwundete kamen in Trier an; elend sahen sie aus. Die deutschen Truppen zogen sich in der Nacht vom 8. auf den 9. August von Trier zurück. In der Stadt war es jetzt totenstill. Am Rande des Mattheiser Waldes erblickte man in der Dunkelheit die Biwakfeuer der Franzosen.

[5] In der Tat verschwanden nicht nur Akten und Urkunden, sondern auch Kunstschätze; Teile des Limburger Domschatzes bestehen aus Trierer Zimelien.

Schon früh am Morgen des 9. August, gegen halb sechs, begab sich der Magistrat ans Neutor, um die Sieger zu empfangen, wie es der Kriegsbrauch mit sich bringt. Aber erst gegen halb acht Uhr trafen die ersten Husaren und die Jäger zu Pferde ein. Sie sprengten durch die Straßen der Stadt und raubten an vielen Stellen, vor allem im abgelegenen Kloster der Grauen Schwestern[6], Gegenstände, wobei Gesindel ihnen als Wegweiser diente. Um halb sechs Uhr abends kam General Moreau; ihm voraus zogen eine große Anzahl Reiter, zwei Musikkorps und dann die gesamten höheren Offiziere, alle zu Pferde und mit hohen Büschen auf dem Hut. Das Gros der französischen Truppen lagerte auf der Eurener Flur. Die Schanzen am Deimelberg und auf dem Marsberg wurden mit Geschützen bestückt. Trier war besetzt. Aus der Hauptstadt des Kurfürstentums Trier wurde dann wenig später die Hauptstadt des Saar-Departements.

[6] Siehe Kapitel 26, Anm. 12.

Neben der im Vorwort und in den Anmerkungen des Textes angegebenen Literatur wurden benutzt:
J.N. von Hontheim, Historia Trevirensis diplomatica et pragmatica, 3 Bände, Augsburg 1750.
G. Kentenich, Geschichte der Stadt Trier. Trier 1915.
R. Laufner, Triers Ringen um die Stadtherrschaft vom Anfang des 12. bis zum ausgehenden 17. Jahrhundert. In: Trier, ein Zentrum abendländischer Kultur. Neuß 1952. S. 151–174.
J. Leonardy, Geschichte des Trierischen Landes und Volkes, Trier 1870.
K. Schweicher, Erinnerung an „Fürstentag" und „Universitätsgründung" 1473 in Trier. Trier 1973.
E. Zenz, Chronik der Stadt Trier. 2000 Jahre in Daten, Berichten und Bildern. Trier 1985.
E. Zenz, Trier im 18. Jahrhundert (1700–1794), Trier 1981.

Bildnachweis

Abt Ansgar Schmidt OSB, Abtei St. Matthias, Trier: S. 24
Bayerische Staatsgemäldesammlungen München (Foto Kempter, Bildagentur Bavaria): S. 69
Bischöfliches Dom- und Diözesanmuseum Trier: S. 27, 28, 33, 51, 74, 83, 87, 115
Willi Bosl, Trier: S. 35
Conservation du Musée de Versailles, Paris: S. 147, 151
Diözesanmuseum Bamberg (Foto Ingeborg Limmer): S. 45
Domschatz und Diözesanmuseum Limburg: S. 41
Fotoatelier Dietmar Thomassin, Trier: S. 15
Hessische Landesbibliothek Fulda (Foto Erwin Roth): S. 63
Gottfried Kentenich, Trierer Heimatbuch 1925: S. 11, 17
Landeshauptarchiv Koblenz: S. 79, 109
Landesmuseum Trier: S. 39
Österreichische Nationalbibliothek Wien: S. 90
Stadtbibliothek Trier (Fotos D. Thomassin): S. 53, 57, 105, 119, 124–125, 127
Städtisches Museum Simeonstift, Trier (Fotos D. Thomassin): S. 95, 98, 133, 139, 143
Vatikanische Museen Rom (Foto Deutsches Archäologisches Institut, Rom): S. 21

Paulins
Fluhr
Coblenzer
Strase
B. S. Marien
Maar
S. Martin
MOSEL FLUS